Owe Wikström

**Vom Unsinn,
mit der Harley durch den Louvre zu kurven**

kontra●punkt: Das allererste Programm

Stefan Dietrich
Maos Atem – Rossinis Tränen
und 999 andere unwichtige Tatsachen und Ereignisse der Welt-
und Kulturgeschichte
292 Seiten, Leseband, gebunden, mit Schutzumschlag
ISBN 3-0350-2008-6

Michael Schulte
Krumm gelaufen!
Genies, Dilettanten, Versager – die schönsten mißlungenen Verbrechen
280 Seiten, sw-Abbildungen
Leseband, gebunden, mit Schutzumschlag
ISBN 3-0350-2004-3

Ernst Schwenk
Maßmenschen
Von Ampère und Becquerel bis Watt und Weber
Wer den internationalen Maßeinheiten den Namen gab
232 Seiten, zahlr. sw-Abbildungen
Leseband, gebunden, mit Schutzumschlag
ISBN 3-0350-2005-1

Joe Simpson
Sturz ins Leere
Mit einem Vorwort von Chris Bonington
Aus dem Englischen von Jürg Wahlen
6. Auflage, 264 Seiten, 23 z. T. farbige Abbildungen
laminierter Pappband
ISBN 3-0350-2011-6

Marnie Walsh
Grasherz
Roman. Mit einem Nachwort von James Colbert
Aus dem Amerikanischen von Sibylle Schmidt
ca. 220 Seiten, gebunden, mit Schutzumschlag
ISBN 3-0350-2000-0

In Ihrer Buchhandlung

Ausführliche Programm-Informationen:
www.kontrapunkt-buch.ch

Owe Wikström

Vom Unsinn, mit der Harley durch den Louvre zu kurven

Lob der Langsamkeit

Aus dem Schwedischen von
Dagmar Lendt

kontra●punkt
oesch verlag

Die schwedische Originalausgabe erschien 2001
unter dem Titel *Långsamhetens lov*
bei Natur och Kultur
© 2001 Owe Wikström

1. Auflage 2003
Copyright © 2003 der deutschsprachigen Ausgabe
by kontra●punkt/oesch verlag ag, Zürich
Satz: Oesch Verlag
Druck und Bindung: GGP Media, Pößneck
ISBN 3-0350-2003-5

Gern senden wir Ihnen unser Verlagsverzeichnis:
kontra●punkt/Oesch Verlag, Jungholzstraße 28, 8050 Zürich
E-Mail: info@kontrapunkt-buch.ch
Telefax 0041/1 305 70 66 (CH: 01/305 70 66)

Unser Programm finden Sie im Internet unter:
www.kontrapunkt-buch.ch

Inhalt

Inhalt

3 | Ein Streifen Unruhe
Von der Furcht vor der Langsamkeit

4 | Die Kultur der Langsamkeit
Über die Wichtigkeit, sein Inneres zu pflegen

Inhalt

Teil 2
Innere und äußere Reisen

Inhalt

7 | Assisi im Mai
Über Lebensfreude, geistliche Regeln und Schweigen

Keine Ratespiele
Ein Nachwort 247

Für Agneta

Das größte Lebenshemmnis ist das Warten, das sich ans Morgen klammert und das Heute verliert. Was in der Hand des Schicksals liegt, das verplanst du, was du selbst in deiner Hand hast, das läßt du fahren! Worauf starrst du? Wonach reckst du dich? Alles, was kommen soll, liegt im Ungewissen.

Seneca, *De brevitate vitae*

Einleitung

Über die Normalität

Eines Morgens blättere ich beim Friseur in einer Zeitschrift. Hochglanzseiten mit lauter schönen Menschen. Wir kennen die Mode von Armani, Gucci, Prada, Lagerfeld – Indikatoren für Erfolg. Kühle Anzüge, glänzende Schuhe. Junge Körper, Gesichter mit hohen Wangenknochen, entspannte Menschen in Flugzeugsesseln. Strahlendes Lächeln, Münder voller kräftiger weißer Zähne. Das Klirren von Eis in Whiskygläsern, wenn das Flugzeug von der Startbahn abhebt. Und ich frage mich: Was tut sich eigentlich hinter ihrem sonnengebräunten Antlitz?

Ich lege die Zeitschrift aus der Hand und sehe hinaus auf die Straße. Eine Mutter schiebt einen Kinderwagen über den Bürgersteig. Sie geht langsam und lacht das Kind an, das seine Arme nach ihr ausstreckt. Ein Student fährt auf einem uralten Damenfahrrad vorbei. Er pfeift vor sich hin. Ein älterer Herr führt seine Promenadenmischung Gassi. Er redet angeregt mit dem Hund, während sie darauf warten, daß die Ampel grün wird. Ein Lächeln, ein Pfeifen, eine Unterhaltung mit einem Hund.

In der erwachenden Stadt scheint alles wie immer zu sein. Heute morgen hat sicher jemand eine Wange gestreichelt und gesagt: »Mach's gut, bis später.« Ein Vater hat am Fenster gestanden, seinem schlaksigen Sohn auf dem Schulweg hinterhergeschaut und gedacht: »Wie schnell doch die Zeit

vergeht, neulich haben wir ihn noch in den Kindergarten gefahren.« Eine Frau hat Kaffee aufgesetzt und eine Freundin
angerufen. Und heute abend wird jemand fragen: »Wie war
dein Tag?«, und die meisten werden, ohne nachzudenken,
antworten: »Ach, wie immer.«

Vielleicht wird der Alltag unterschätzt. Man läßt sich verführen – und hetzen – von der Glitzerwelt der Massenmedien. Sie erzeugt eine Illusion, daß wir erst irgendwann in
der Zukunft (wenn wir genug Zeit oder Geld haben) leben
werden. Das Jetzt wird selten gewürdigt; vielleicht erhalten
weder die Frau oder der Mann noch die Arbeit, die Stadt, die
Nachbarn oder die altvertrauten Möbel den wertschätzen-
den Blick, den sie verdienen. Das Normale ist kaum jemals
gut genug. Wir schauen in die Fernsehzeitschrift, während
die Kinder ihre Cornflakes essen und sich mit uns unterhalten möchten. Ein älterer Bekannter, den man auf der Straße trifft, beginnt umständlich von den fünfziger Jahren zu
erzählen. Man steht wie auf glühenden Kohlen, das interessiert einen alles nicht – und man verabschiedet sich hastig,
um seine Ruhe zu haben. Man sieht die Enttäuschung in
den Augen des Bekannten, und trotzdem sagt man: »Tut mir
leid, ich bin sehr in Eile!«

Wer spricht vom Wert dessen, was gewohnt, normal, all-
täglich ist? In einer Zeit, in der viele Geld daran verdienen
wollen, daß die Menschen sich nach etwas anderem sehnen,
müßte das Gewohnte besonders viel Aufmerksamkeit erhalten. Wie viele Kranke sagen: »Ich würde wer weiß was darum geben, wenn alles wieder wie früher wäre.« Der Gesunde hat viele Wünsche, der Kranke nur einen einzigen. Wer
erhebt das Glas zum Lob *des Gewohnten?*

Ich erinnere mich an Claes Hylingers versteckten An-
griff gegen das Außergewöhnliche:

*Dein Schicksal wird sich nicht dadurch vollenden, daß du
sogenannte interessante Menschen triffst. ... Sicher wirst du
solche Menschen kennenlernen, aber das wird dir überhaupt
nichts nützen. Im Gegenteil, es wird dich verwirren und auf
Abwege führen. Sei auf der Hut vor großen Persönlichkeiten,
Berühmtheiten und Phantasten. Was du suchst – und du
selbst weißt nicht, was du suchst –, wirst du unter einfachen
Gegebenheiten in einem alltäglichen Gespräch mit einem
ganz normalen alltäglichen Menschen finden. Wann immer
du in eine solche Situation kommst, schärfe deine Sinne,
denn deine innersten Wünsche könnten sich auf eine Weise
erfüllen, von der du nichts ahnst ... Man darf Größe nicht
mit Berühmtheit verwechseln.[1]*

Das heißt nicht, daß man Heiterkeit und Feste von der Ta-
gesordnung streichen soll. Auch nicht die Begeisterung für
große Persönlichkeiten. Aber die Jagd nach Erlebnissen oder
die Bewunderung der Erfolgreichen können dazu führen,
daß der Mensch das, was er tatsächlich hat, weder sieht noch
zu schätzen weiß. Wohin ist eigentlich das Wort »Zufriedenheit« verschwunden?

Lebensgenuß und der Mangel an Ernst

Dieses Buch behandelt zwei Seiten derselben Medaille: Lebensgenuß und tiefen Ernst, die größten Mangelwaren der
heutigen Zeit. Für beides ist ein Kürzertreten erforderlich,
ein Abbremsen. Dieses Buch ist während eines langen Zeit-
raums entstanden, hauptsächlich in den Pausen, wie sie sich
bei Reisen ergeben: in Bussen und Wartesälen, in Zügen,
Flugzeugen, Cafés und Hotelzimmern. Paradoxerweise entsteht – inmitten des eigentlichen Reisens – eine Art medita-

tiver Raum. Ein Gefühl des Stillstehens inmitten der Fortbewegung. Das Rattern des Zuges auf den Schienen oder das Stimmengewirr im Café setzt oft eine Reise ins Innere in Gang. Mein Leben ist, wie das vieler anderer Menschen, erfüllt von Fortbewegung: Arbeitsreisen, Seminare, Konferenzen. Lavaströme von Worten fließen durch den Kopf, wenn Aufsätze, Artikel und Abhandlungen aus beruflichen Gründen durchgearbeitet werden müssen. Während der Arbeit an einem Forschungsbericht über »Säkularisierung und soziale Auszehrung« ließ ich mich auf ein Nebengleis locken. Ich begann verstreute Gedanken und Überlegungen aufzuschreiben; daraus entwickelte sich im Laufe der Zeit die vorliegende Sammlung von Reflexionen.

Um mich von dem forcierten Tempo und dem manchmal allzu luftleeren Raum der akademischen Welt zu distanzieren, ist es mir in den letzten Jahren immer wichtiger geworden, das Gehirn ausruhen zu lassen, ausgleichende Inseln der Stille zu finden, Nischen in der Zeit. Sicher, ich fühle mich wohl in der scheinbar staubtrockenen Welt der Universität. Ohne kritische, vorbehaltlose Forschung wäre das Leben arm. Allzu viele Leute haben allzu fertige Antworten. Außerdem schätze ich es, schnell zu arbeiten und mit vielen Bällen gleichzeitig zu jonglieren. Aber dazwischen brauche ich Zeiten der Muße, des ziellosen Herumbummelns. Der Wechsel zwischen Arbeit und Ausruhen ist das wichtigste. Natürlich habe ich dieses Buch auch für mich geschrieben.

Vom Unsinn, mit der Harley durch den Louvre zu kurven folgt einer gewissen inneren Ordnung, eignet sich aber auch gut, um darin zu stöbern. Manche Abschnitte sind vielleicht etwas theorielastig – wie Kapitel 1 –, aber die kann man überspringen, um (eventuell) später dahin zurückzukehren. Wer sagt denn, daß alle Bücher von Anfang bis Ende gelesen werden müssen?

Das planlose Lesen in meinen eigenen »Kochbüchern« ist zu einem meditativen Akt geworden. Ungezählte in schwarzes Wachstuch eingeschlagene Notizbücher haben sich im Laufe der Jahre mit Fragmenten aus Gesprächen, Dialogschnipseln aus Filmen, mit Fassadeninschriften und Abschriften aus Büchern gefüllt – weit weg von jeder Theorie. Schon das Durchblättern dieser Notizen ist ebenso entspannend wie Musik. Sogar wenn ich meinen Laptop anschalte, trete ich oft eine andere Reise an als die, auf der ich mich gerade tatsächlich befinde. Das Starren auf den grauweißen Bildschirm verwandelt sich manchmal in eine geistige Übung: ein Wort verschieben, über ein Synonym nachdenken, eine Ausdrucksform für sperrige Gedanken finden. Schreiben ist eine Art, sich über sich selbst klarzuwerden; ich schreibe, um mich daran zu erinnern, was ich denke.

Immer mehr Leute sitzen im Vorortzug und lesen in einem Taschenbuch oder schreiben etwas in eine Kladde. Vielleicht ist das in den letzten Jahren gestiegene Interesse am Lesen und Schreiben ein Symptom für das verkannte Bedürfnis nach Abschirmung und existentiellem Atemholen. Lesen erfordert Konzentration und erzeugt gleichzeitig Ruhe. Etwas laut vorzulesen – sich selbst oder jemand anderem – ergibt Zusammenhang und Sinn. Gedanken in ein Tagebuch zu schreiben wird zu einer Art, sich seine Integrität zu bewahren. Bücher zu lesen eröffnet uns die Möglichkeit, fiktive Welten zu besuchen, in denen keine E-Mail und kein Handy uns hetzt.

Vom Unsinn, mit der Harley durch den Louvre zu kurven ist kein populärwissenschaftlicher Text über Streß, über die Soziologie der Eile oder die Psychologie der Lebensfragen. Davon gibt es bereits genug. Es ist vielmehr eine Sammlung verschiedener Beobachtungen und Überlegungen rund um innere und äußere Reisen. Vor allen Dingen thematisiert es die Reise zu uns selbst: »Die längste Reise / ist die Reise nach innen. / Wer sein Los gewählt hat, / wer die Fahrt begann / zu seiner eigenen Tiefe / (gibt es denn Tiefe?) – / noch unter euch, / ist er außerhalb der Gemeinschaft«, schrieb Dag Hammarskjöld in *Zeichen am Weg.*

Das Bedürfnis nach Stille und tiefem Ernst, ebenso wie nach Lebensgenuß und planlosem Bummeln, scheint größer denn je zu sein. Es sind zwei Seiten derselben Medaille. Im Mittelpunkt steht das Verlangen des ruhelosen und zerrissenen Menschen, sich selbst wiederzufinden. Viele der persönlichen Gespräche, die ich in den letzten Jahren geführt habe, berührten das Thema, welchen allzu hohen Preis die große Hast fordert. Und alle wissenschaftlichen Untersuchungen zeigen dieselbe Tendenz. Zahllose medizinische Aufsätze berichten von Burn-out-Syndrom, innerer Ruhelosigkeit und Erschöpfungsdepressionen. Immer mehr Aufgaben müssen in immer kürzerer Zeit von immer weniger Menschen bewältigt werden. Der öffentliche Raum wird zunehmend von Telefonen, Lärm und Hetze durchdrungen. Diese ganze Beschleunigung des Lebens ist im Begriff, eine kulturelle Kernschmelze zu verursachen – eine Aushöhlung von humanistischen Werten und Nachdenklichkeit.

Viele Menschen zeugen von spiritueller Bedürftigkeit und existentiellem Ausgehungertsein – und stecken gleichzeitig offenbar in einem Dilemma. Sie würden gern zur Ruhe kommen, aber die Verhältnisse, in denen sie feststecken, lassen jede Bemerkung über Langsamkeit zum Zynismus werden. Daß man ein strukturelles und politisches Problem zu einem Problem des Individuums macht, ist nur ein weiterer Stein auf dem Weg.

Vielen – auch jüngeren – Menschen fällt auf, daß sie sich nicht die Zeit nehmen zu leben, sondern daß sie nur arbeiten und schuften (wofür eigentlich?). Sie haben nicht die

Kraft oder die Entschlossenheit, sich ihre eigenen Freiräume zu schaffen. Besonders gefährlich scheinen diejenigen zu leben, die süchtig nach ihrer Arbeit sind und nervös werden, wenn sie »nichts zu tun« haben. Unmerklich schleicht die Rastlosigkeit in ihr Inneres hinein. Ihr Blick bekommt etwas Unstetes. Manche benehmen sich, als könnten sie aus ihrem Leben alles auf einmal herausholen, alles gleichzeitig machen. Ihr Leben reduziert sich auf ein hastiges Hin und Her zwischen verschiedenen Projekten und auf ein vages Versprechen nach dem Motto »später, wenn ich mehr Zeit habe, werde ich es ruhiger angehen lassen«. In den letzten Jahren habe ich oft den Satz gehört: »Viel zu spät erst habe ich eingesehen, daß ich versäumt habe zu leben.«

Die Vorstellung, daß man sein Leben dann richtig leben wird, wenn man Zeit dazu hat, ist ebenso verführerisch wie falsch. Es kommt immer etwas dazwischen. Die folgende Zeile aus Tomas Tranströmers Gedicht sagt es glasklar: »Du wirst nie fertig, und es ist, wie es sein soll«,[2] ganz zu schweigen von Lennart Hagerfors' Buchtitel *Livet är det som pågår medan vi sysslar med annat* (Leben ist das, was geschieht, während wir mit etwas anderem beschäftigt sind).

Was anscheinend am schwersten fällt, wenn der Körper schließlich aufgibt und die Streßsymptome sich einstellen, ist die Erkenntnis, daß man selbst *der einzige ist, der etwas hätte ändern können*. Manche Umstände lassen sich zwar nicht ändern, andere dagegen schon. Doch man hat es nicht getan und sieht ein, daß dies weder einer dringenden Arbeit noch dem Zeitgeist in die Schuhe geschoben werden kann und auch nicht der Familie. Der Motor der Rastlosigkeit sitzt in einem selbst. Die Hetze von einem Ereignis zum nächsten ist eine Art, das diffuse Gefühl von Unzufriedenheit durch Strampeln zu betäuben. Sobald man zum Stillstand gezwungen wird, steigen dunkle Gedanken in einem auf: »Ich werde meine Träume nie verwirklichen, die meisten Züge sind abgefahren, und ich habe nicht den Mut und die Kraft, nein zu sagen.« Aber vor allem bedrängt einen die Sorge, sich irgendwann selbst nicht mehr ertragen zu können – und daß die Menschen, die man liebt, es auch nicht mehr vermögen.

Sicher, man hetzt sich ab, weil die ganze Gesellschaft in Hektik ist; viele setzen sich selbst unter Druck, weil sie keinen Einfluß auf ihre Arbeitssituation haben oder weil es in der Familie kriselt. Aber – und das ist ein Gedanke, auf den dieses Buch noch zurückkommen wird – hin und wieder gibt es existentielle Gründe für das hohe Tempo. Wenn man gezwungen ist, mit sich selbst allein zu sein, wird man manchmal von einer großen Leere erfaßt. Man ahnt die Armut in seinem Innern. Die Angst davor, sich selbst Auge in Auge gegenüberstehen zu müssen, ist vielleicht eine ebenso wichtige Erklärung für die überdrehte Geschwindigkeit wie viel Arbeit, schwierige Familienverhältnisse und ein Handy in der Tasche. Strampeln, um seine existentielle Heimatlosigkeit nicht spüren zu müssen, ist gelinde gesagt ermüdend.

Ich weiß nicht, wohin ich unterwegs bin – also muß ich mich beeilen

Wie viele Menschen sagen nach einem kurzen Krankenhausaufenthalt: »Jetzt will ich meinen Lebensstil ändern. Ich muß mich ändern. Das hier war mir eine Lehre.« Und gar nicht wenige ändern ihr Leben tatsächlich. Sie leben ruhiger – wenigstens eine Zeitlang. Aber muß man erst einen Herzinfarkt haben, damit man beginnt, das Leben zu genießen? Muß ich erst »gegen die Wand laufen«, bevor ich meine Lebensfragen und Sehnsüchte wirklich ernst nehme? Muß uns das Schick-

sal erst brutal die Augen öffnen, daß das Wunder nicht von
Dauer ist, damit wir unser Bedürfnis nach Muße einsehen?
Viele, die schwere Krankheiten überstanden haben, sind sich
rührend einig; sie freuen sich über Kleinigkeiten und staunen darüber, wie sie sich dazu verführen lassen konnten,
dem Wind hinterherzujagen. Die Perspektiven verschieben
sich; sich planlos treiben lassen, Gespräche mit Freunden
führen, die Veränderungen in der Natur beobachten – all
das, was der Sucht nach Erlebnissen fremd ist – wird jetzt
wesentlich.

Wahrscheinlich ist es wichtiger als je zuvor, sich selbst ein
paar freie Stunden zu gönnen, sich das Recht zu nehmen,
nicht nützlich zu sein, nichts zu schaffen, einfach im Wald
spazierenzugehen, Leute auf der Straße zu beobachten oder
lange Gespräche mit Freunden zu führen – ohne daß etwas
dabei herauskommt. Es gibt unzählige Beispiele: An einem
ganz gewöhnlichen Wochentag ein Buch lesen. Eine Woche
lang den Fernseher ausgeschaltet lassen. Einen Nachmittag
mit den Kindern Lego spielen oder sich in Bachs *Matthäus-
passion* vertiefen. Ohne schlechtes Gewissen Raum für Werte schaffen, die bereichern und Ruhe schenken.

Aber aufgepaßt – die Langsamkeit muß im Kontrast zur
Schnelligkeit gesehen werden. Für viele ist der urbane Puls-
schlag attraktiv, auch für mich. Zeitdruck, klingelnde Telefone, eingehende E-Mails, landende Flugzeuge, der Ver-
kehrslärm – all das macht ja auch Spaß. Mit Freunden in
fernen Ländern telefonieren, an eiligen Besprechungen teil-
nehmen, Zeitung lesen im dahinjagenden ICE, über Kopf-
hörer Musik aus dem Walkman hören, während der Bus
durch den Feierabendverkehr schaukelt, das finden viele
Leute einfach herrlich. Seit einigen Jahren mehren sich jedoch die warnenden Stimmen. Das Verhältnis zwischen an-
strengender Arbeit und anschließender Entspannung ist aus

dem Gleichgewicht geraten. Viele Menschen vermissen natürliche Pausenräume – Zonen der Ruhe sind zu etwas Exotischem geworden, Bereiche der Stille verschwinden. Streßbedingte Krankheiten treten in immer jüngeren Lebensjahren auf.

Hat man schließlich doch eine Zeitnische gefunden, wird man sogar dort von Musik oder den gellenden Stimmen der Mobiltelefonierer heimgesucht. Die aufgezwungene Intimität ist geradzu eine Qual. Mit welchem Recht dürfen sich Telefone eigentlich immer dazwischendrängeln? Das Bedürfnis, mit seinen Gedanken allein zu sein – diese oft verkannte heimliche Gemeinschaft mit sich selbst –, ist anscheinend größer denn je. Ebenso wie das Bedürfnis, seine Gedanken in Ruhe mit jemandem zu teilen. Gedanken brauchen immer Zeit. Nachdenkliche Gespräche lassen sich nicht per E-Mail führen und auch nicht, indem man sich gegenseitig schnell etwas auf den Anrufbeantworter spricht oder ein paar SMS schickt. E-Mails bieten zwar eine gewisse Intimität, die man sicher nicht unterschätzen sollte, aber sie bergen auch die Möglichkeit, sich zu verstellen. Eine lebendige Unterhaltung erfordert Aufmerksamkeit und jemanden, der uns ansieht und sagt: »Kannst du mir das bitte mal genauer erklären«, ohne auf die Uhr zu schielen oder auf das Display eines Handys, das vor ihm auf dem Cafétisch liegt.

Erst wenn wir zur Ruhe gefunden haben, können wir erahnen, wie wichtig die Natur, die Gesichter der Freunde, das Lachen, die Zärtlichkeit, die Schätze der Kultur sind. Erst wenn wir nicht mehr von hier nach dort hetzen, können sich Freundschaften vertiefen. Erst im Alleinsein erfährt man, wer man selbst ist. Erst wenn man es allein mit sich aushält, kann man anderen zuhören. Wir »brauchen« sie nicht; wir hängen uns nicht an unsere Mitmenschen, um der Einsamkeit zu entgehen. Aber wir müssen uns auch nicht im Alleinsein verschanzen. Vielmehr erkennt man, daß man von anderen abhängig ist und deshalb die Gemeinschaft mit seinen Freunden, seiner Familie, seinen Kindern pflegen muß. Nach überstandenen Lebenskrisen sind sich die Betroffenen oft auffallend einig: Freundschaft und Liebe (diese abgenutzten Begriffe) zu denen, die einem am nächsten stehen, sind am Ende das einzige, was zählt. Wer immer nur danach gestrebt hat, sich selbst zu verwirklichen – was macht er, wenn schwere Zeiten kommen? Redensarten wie »Einsamkeit macht stark« und »Die Zeit heilt alle Wunden« klingen seltsam kraftlos, wenn man hinaus an die Grenzen seiner Existenz gezwungen wird.

Der Gehetzte wird nie die Kraft erkennen, die in der Harmonie des Müßiggängers liegt. Wer sich abhetzt, verliert schließlich die Fähigkeit, zu genießen. Das Wort »Behaglichkeit« klingt zunehmend exotischer. Es läßt an putzmuntere Schwarzweißfilme der fünfziger Jahre mit ihren blitzblanken Küchen denken. Aber warum wird Zufriedenheit eigentlich immer auf vergangene Epochen projiziert oder in das Rentenalter verlegt?

Das Englische kennt zwei Worte für das Alleinsein. Das eine ist *solitude,* was unter anderem die selbstgewählte, »gute« Einsamkeit bedeutet. In ihr kann man Diskussionen mit sich selbst führen, die manchmal damit enden, daß man sich von sich selbst überzeugen läßt. *Loneliness* dagegen ist ein Wort, das ein Außenvorsein beschreibt; man hat keine Freunde, keine Bekannten, keine Kontakte. Dieses Buch beschäftigt sich vor allem mit der selbstgewählten Einsamkeit, ebenso wie mit der Kraft, die kleinen Gemeinschaften innewohnt. Aus vielen verschiedenen Perspektiven sagt es immer wieder dasselbe: Wir sollten uns die Kultur der Langsamkeit zurückerobern. Aber die Langsamkeit ist mehrdeutig. Vor allen Dingen hat sie keinen Eigenwert. Ohne erhobenen Zeigefinger will dieses Buch Wege aufzeigen, wie der Mensch seine Integrität schützen, den düsteren Gedanken der Stille begegnen und seine Lebenssinne sensibilisieren kann. Diese Aufzählung mag naiv erscheinen, aber sie geht auf die klassischen Quellen unserer Kultur zurück.

In früheren Büchern habe ich die Rolle des zeitgenössischen Glaubens unter gesellschaftlichen Gesichtspunkten betrachtet und die christliche Mystik mit ihrer Stille, ihrer Meditation und ihren inneren Wegen dargelegt. Die sozialpsychologischen Forschungen darüber, welche Auswirkungen die Mobilität, das Internet, die Medien und die sozialen Strukturen auf die Formulierung der existentiellen Fragen haben, sind spannender denn je. Darauf, so hoffe ich, werde ich in anderen, wissenschaftlicheren Zusammenhängen noch zurückkommen können. Für den Moment ziele ich weder auf Psychologie, Theologie noch Soziologie ab. Dies hier ist ein persönliches Buch, das die Rolle der existentiellen und geistigen Fragen in einer immer schnellebigeren Kultur behandelt.

Noch einige Worte zum Aufbau: Der *erste Teil* des Buches versucht gedankliche Verbindungen zwischen Rastlosigkeit, Lebensfragen und Lebensgenuß herzustellen, während der *zweite Teil* sich mit äußeren und inneren Reisen beschäftigt. Ich werde von drei »Pilgerfahrten« erzählen, denen ein Abschnitt über die Unausweichlichkeit existentieller Fragen vorangestellt ist.

Kapitel eins zeigt einige gesellschaftliche Faktoren auf, die zu der hohen Geschwindigkeit beitragen. Den sich daraus ergebenden sozialwissenschaftlichen Überbau können diejenigen Leser überspringen, die sich direkt mit der Kultur der Langsamkeit befassen wollen. *Kapitel zwei* singt ein Loblied auf die Ruhe, problematisiert aber geichzeitig den Lebensgenuß. In *Kapitel drei* wird der Gedankenfaden unterbrochen, indem die Probleme im Zusammenhang mit Einsamkeit und Stille angerissen werden. *Kapitel vier* greift einige klassische Ratschläge im Hinblick auf das Innenleben auf, beispielsweise das gute Gespräch, die Notwendigkeit des Müßiggangs, die geistige Lektüre.

Kapitel fünf handelt von einem Herbstmonat in Budapest, in dem sich Themen wie Leiden und Tod aufdrängten. Es behandelt auch die Cafékultur und wie man seinen Körper in den ungarischen Bädern verwöhnen kann. *Kapitel sechs* schildert einen Winterbesuch in St. Petersburg einschließlich eines Spaziergangs auf den Spuren von Fjodor Dostojewski. Mit dem Dichter werden die ewigen Fragen über Gott und Mystik diskutiert. Das Buch schließt mit einem Besuch im sonnigen Umbrien während des Frühlings. Die kleine Stadt Assisi war im elften Jahrhundert Wirkungsstätte des heiligen Franziskus. Durch ihn erhält man einen gewissen Einblick in das Klosterleben, vor allem in die stille Lebensfreude, die in einem Orden herrscht. Gleichzeitig ist der heilige Franz von Assisi ein provozierender Kritiker des Konsums und der egozentrischen Selbstverwirklichung.

Aber nun auf zum ersten Kapitel, zu den präliminaren Beobachtungen über die Anatomie der Rastlosigkeit.

Teil 1

Die Langsamkeit

1 | Anatomie der Rastlosigkeit

Über Zerrissenheit und die Jagd nach dem Wind

... uns fehlt die Zeit, die wirklichen Dramen zu erleben in der Existenz, die uns zugeteilt ist. Das läßt uns altern. Nichts anderes. Die Runzeln und Furchen im Gesicht sind Signaturen der großen Leiden, Laster, Erkenntnisse, die uns heimsuchen wollten – aber wir, die Herrschaft, waren nicht zu Hause.

Walter Benjamin

Die Kategorie des Wartens

Während ich eines Morgens telefoniere, höre ich ein schwaches Pfeifen, das ich zu ignorieren versuche. Aber es stört. Schließlich gebe ich mich geschlagen. Ich bitte meinen Sohn, mit dem ich telefoniere, zu warten. Als ich den Laptop anschalte, steht in der Ecke unten »You've got mail«. Ich versuche, darüber hinwegzusehen, aber das kleine Symbol irritiert mich. Also klicke ich das Briefsymbol an und öffne die Nachricht. Es steht eine Menge in dem Dokument. Es ist von einem Studenten, der sich im Sommer in Südamerika aufhalten wird. Er schreibt, daß er das Zitat in seinem Aufsatz über den Philosophen Solowjew, das er überprüfen sollte, in der Universitätsbibliothek in Bogotá heraussuchen wird. Er hat über den Atlantik telefoniert, um das Buch reservieren zu lassen. Nun bittet er mich um eine Antwort, die ich auf seinen Anrufbeantworter in Göteborg sprechen soll, weil er den später am Abend von Prag aus abhören wird, wo er sich auf der Durchreise befindet. Seine Mail kommt aus einem Internetcafé und wurde eben erst geschrieben – wahrscheinlich in Krakau.

Eine Weile später erscheint das kleine Briefsymbol erneut, diesmal habe ich Post von einer wissenschaftlichen Diskussionsgruppe. Während des Tages strömen die Wortmeldungen nur so herein: aus Odessa, Istanbul, Los Angeles, Narvik und Barcelona. Dann meldet sich ein Lehrer aus Leksand, und eine Weile später werde ich gebeten, an einer Konferenz teilzunehmen. Ich schaue aus dem Fenster. Wieder klingelt das Telefon. Ein Forscherkollege aus Amsterdam erzählt, daß er in der letzten Woche einen Kollegen in Denver getroffen hat. Sie sprachen über eine Konferenz, die im italienischen Turin stattfinden soll. Wir reden eine Weile über das Thema: soziale und technische Zeit- und Raumkompressoren.

All diese völlig verschiedenen Eindrücke werden mir innerhalb einer einzigen Stunde entgegengeschleudert. Und so geht es munter weiter. Immer mehr Menschen erleben dasselbe. Geografische Abstände schnurren auf ein Nichts zusammen, die Zahl der Jonglierbälle in der Luft nimmt zu, die Treffen werden schneller, eiliger. Das Internet hat sich zu einem globalen Über-Ich entwickelt. Das Hauptwort des 20. Jahrhunderts war – nicht ohne Grund – das Wort »Schnelligkeit«. Vielleicht erzeugt die Beschleunigung eine kulturelle Erosion, deren Tragweite wir erst im Nachhinein ermessen können.[1]

Die Geschwindigkeit nimmt fast überall zu: in der Wirtschaft, der Forschung, der Lehre, den Medien, der Kultur, der Familie, der Technik. Mein würfelförmiger Macintosh, der noch vor wenigen Jahren ein Wunder an technischer Finesse war, steht nun vergessen auf dem Dachboden. Das Informationsangebot steigt im selben Maße, wie die Fähigkeit abnimmt, das Redundante, Überflüssige auszusortieren. Aber vielleicht ist *Zerrissenheit* ein ebenso wichtiges Wort wie Schnelligkeit. Die Aufmerksamkeit wird in alle Richtungen gezerrt. Gestiegene Mobilität und drahtlose Kommunikation lassen uns mit immer mehr Menschen in immer kürzeren Zeiträumen kooperieren. Immer mehr Leute verschaffen sich Zugang zu unserem Lebensraum. Die selbstverständliche Konsequenz ist, daß die Zonen der Nachdenklichkeit sich verringern. Gleichzeitig werden sie zerhackt:

»Entschuldige, ich muß nur mal eben das Gespräch auf der anderen Leitung annehmen!«

Wir hören es immer wieder; die Eile und die Flexibilisierung in der Kommunikation nehmen zu, ebenso wie die Globalisierung. Worte wie Modem, Internet, Megabyte oder Breitband kannte man vor zehn Jahren in fast keiner Sprache. Ein Raumschiff schwebt gemächlich um den Globus, es bewegt sich unendlich langsam, verglichen mit dem, was passiert, wenn man den Button »Senden« in seinem E-Mail-Programm anklickt.

Was passiert mit dem Menschen, wenn alles immer schneller wird? Ja, der nachdenkliche Mensch erntet keine Lorbeeren – gar nicht zu reden von jemandem, der zaudert. Wer unentschlossen scheint, sorgt für Irritationen. Für solche Menschen gibt es viele geringschätzige Bezeichnungen: »schwerfällig, umständlich, langatmig, langweilig, eine Geduldsprobe«. Die Worte für Schnelligkeit sind fast automatisch positiv besetzt: »effektiv, flink, umsichtig, hat alles im Griff, erledigt viele Dinge gleichzeitig«. Dabei führt Ungeduld meistens zu unüberlegten Entscheidungen.

Hastige Zusammenkünfte mit gehetzten Menschen bringen selten etwas hervor, das Bestand hat. Trotzdem, was *langsam* ist, hat keinen Eigenwert. Die Kehrseite ist Trägheit, Umständlichkeit und Unentschlossenheit. Vielleicht ist ein Gleichgewicht zwischen schnell hingeworfenen Einfällen und Nachdenklichkeit nötig. Es ist wohl eher *Langfristigkeit,* was im Mittelpunkt stehen sollte. Deshalb ist es verheerend, Effektivität mit Schnelligkeit zu verwechseln. Die langsam erarbeiteten Beschlüsse – bei denen Denkpausen nicht als unnötig erachtet werden – halten oft länger. Vielleicht ist sogar die Demokratie in Gefahr, wenn niemand mehr Zeit hat, in einer politischen Versammlung auszuharren oder sich in eine Fragestellung zu vertiefen.

Aber zurück zur Technik. Textmengen, die vor drei Jahren noch dicke Bücher füllten und als Paket über Kontinente geschickt wurden, rasen als sekundenschnelle »Dateianhänge« um den Globus. Briefe, die vor ein paar Jahren im stillen Kämmerlein mit kratzendem Füller oder bleischwerer Schreibmaschine verfaßt und mit Tipp-Ex korrigiert wurden, überquerten die Ozeane per Flugzeug. Heute erreichen sie ihren Empfänger innerhalb eines Wimpernschlags.

Das stille Dahingleiten des Stiftes übers Papier wurde abgelöst vom Hämmern der Schreibmaschinen. Deren Geräusch ist seit langem dem Klappern der Computertastaturen gewichen. Der blinkende Cursor auf dem Monitor mahnt: »Schreib etwas!«

Menschliche Qualitäten, die in Jahrtausenden große Literatur und Kunst geschaffen haben, sind auf dem Wege, etwas Außergewöhnliches zu werden. Worte wie »Vorbereitung, Nachbereitung, Besinnung« scheinen in der westlichen Welt immer weniger gebräuchlich. Noch vor zehn Jahren war es ein Drama, wenn man sich wegen eines einjährigen Auslandsaufenthaltes von seinen Lieben verabschieden mußte. Heute kann beinahe jeder Reisende innerhalb von vierundzwanzig Stunden wieder daheim sein, ganz gleich, wo auf dem Erdball er sich gerade befindet. Die Abschiedsumarmungen in den internationalen Wartehallen der Flughäfen mögen sicherlich traurig sein, aber nach nur wenigen Stunden kann sich jemand per E-Mail, Telefon oder Fax aus Bombay, Chicago oder Semipalatinsk zu Hause melden – falls er es sich nicht sogar leisten kann, aus dem Flugzeug anzurufen.

Gedankengänge werden immer öfter unterbrochen, und die Zeit wird zerhackt. Ohne daß wir gefragt werden, sind wir gezwungen, die per Handy geführten halben Dialoge anderer mitzuhören. Leute gehen auf U-Bahnsteigen, Straßen und Plätzen auf und ab und reden dabei lautstark über Banalitäten. Unfreiwillig werden wir in ihr Leben hineingezogen. Ohne sich zu genieren, schleifen sie uns hinein in Konferenzräume oder Kinderzimmer – und all das, während man vergeblich versucht, seine Zeitung zu lesen.

Aber was passiert mit einem Menschen, der ständig am Telefon hängen muß? Gibt es so etwas wie eine *Erreichbarkeitsfalle?* Wo bleibt die Fähigkeit, den Lauf der Dinge abzuwarten? Und wer macht sich stark für das Recht, hin und wieder überhaupt niemanden sehen zu wollen, keine E-Mails lesen oder keinen Anrufbeantworter haben zu müssen? Wird der Schutz vor dem Erreichbarsein zum Luxus der Zukunft?

Warenfülle und das Neueste vom Neuen

Wie der Mensch die Zeit begreift, in der er lebt, drückt sich unter anderem in seinem Umgang mit Alltagsgegenständen aus. Sind Ideenvielfalt und Dekonstruktion zum pluralistischen Kennzeichen der Postmoderne geworden, so gilt dasselbe für Dinge. Für die jüngsten Generationen hat die alltägliche *Warenfülle* zugenommen. Der Mensch umgibt sich mit mehr Gegenständen als je zuvor. Es gibt immer mehr technisch komplizierte Dinge – die zu begreifen man keinerlei Chance hat. Außerdem ist die *Umsatzgeschwindigkeit* der Waren gestiegen. Dahinter stehen selbstverständlich marktwirtschaftliche Triebkräfte. Der vielbesungene Zweck des Marktes ist ja gerade ein Anstieg von Warendichte und Warenumsatz.[2]

Um die vorige Jahrhundertwende hatte ein neu angeschaffter Gegenstand für die meisten Menschen eine Art Zauberkraft. Nach einer gewissen Zeit setzte er Patina an.

Die Grundregel hieß Sparen, Pflegen und Reparieren. Einen abgenutzten Sessel oder eine altmodische Lampe wegzuwerfen war widernatürlich. Etwas zu zerstören, was noch funktionierte, war nicht nur eine seltsame Idee, es war unmoralisch.

Die Luxusartikel unserer Zeit würde unsere Elterngeneration kaum begreifen. Materieller Luxus wie schöne Autos, teure Kleidung und elegante Armbanduhren wird von immer mehr Bevölkerungsgruppen ersetzt durch immateriellen Luxus wie Zeit, Raum, Erleben, Stille und körperliches Wohlbefinden. Frischgebügelte Bettwäsche oder ein Zug mit Ruhewagen werden ebenso als Luxus aufgefaßt wie eine Massage oder ein schöner Stuhl. Die Badewanne hat eine Renaissance erlebt.

Mit dem Anstieg von Massenproduktion und Massenkonsum verändert sich der Blick auf die Dinge. Mit zunehmender Warenfülle verlieren sie schneller an Reiz. Gerade deshalb löst die Ankündigung des neuesten Modells stets eine Jagd aus. Das einzelne Ding verschwindet immer schneller in der Menge anderer Dinge. Gegenstände werden ersetzt, ohne verbraucht zu sein, egal ob Schuhe, Pullover, Uhren, Telefone oder Computer. Die Finessen eines Mobiltelefons werden schon nach wenigen Monaten durch neue abgelöst. Alles, was fest ist, verflüchtigt sich, die Bedeutung der Dinge verdunstet.

Die Wegwerf-Debatte ist verstummt. Ein Ding wird gekauft, benutzt und innerhalb weniger Tage zum Alltagsgegenstand. Das bedeutet vermutlich, daß der Mensch die ihn umgebenden Dinge nicht mehr im selben Maße beachtet wie frühere Generationen. Die Dinge verschwinden aus dem Bewußtsein. Ihre Faszination währt kurz. Früher »brauchte« man Gegenstände auf eine andere Art; heute klingt das Wort »Gebrauchsgegenstand« eine Spur altmodisch. Ich betrachte die Schaufenster der Geschäfte und frage mich: Welche dieser Gegenstände sind eigentlich notwendig?

Der Anstieg von Warendichte und Warenumsatz führt dazu, daß die einzelnen Dinge für längere Zeit weder sinn- noch symboltragend sind. Ein Großvater macht seinem Enkelkind ein Geschenk. Er hat mehrere Stunden des Nachdenkens darauf verwandt, ist durch Warenhäuser gewandert, hat schließlich ein Spielzeugauto gekauft und es in blaues Geschenkpapier verpackt. Der Junge jubelt eine Minute lang vor Freude, aber dann kramt er mit Feuereifer seine anderen Spielsachen hervor. Als der Großvater all die Sachen betrachtet, die sich auf dem Teppich des Kinderzimmers häufen, fragt er sich: »Was ist eigentlich noch länger von Bedeutung?« Am nächsten Tag liegt das neue Plastikauto unter der Küchenbank; zwei Wochen später landet es auf dem Dachboden.

Bestimmte Werte werden mit Dingen oder Attributen verknüpft. Sie werden Teil eines Lebensstils. Golfclub, kurze Haare, ein Ring im Ohr, die Größe des Handys oder die Farbe des Rocks können als eine Art *Identitätsmarker* fungieren. Sie schaffen Zugehörigkeit und bilden Inseln der Wichtigkeit und Bedeutung im ständig aufgewühlten Konsumozean. Aber sogar Lebensstile werden trivial, wenn sie um des Effektes willen übertrieben werden. Lifestyle-Konsum ist veränderlich und launisch. Nach einigen Monaten gelten neue Codes. Auch das Rad der Mode dreht sich schneller. Es schafft – und erfüllt – Bedürfnisse und globale Gleichrichtung in immer kürzeren Abständen.[3] Das weltumspannende Netzwerk der Warenmarken löscht ethnische Zugehörigkeit und politische Ideologien effektiv aus.[4] Die afrikanischen Massai stehen vor dem Internetcafé ihrer Heimatstadt und schauen sich die CNN-Reklame für Hotels in Singapur an.

In Westjordanland sitzen politische Aktivisten und sehen MTV. Archaische Kulturen erodieren langsam.

Und ich frage mich, ob die warengefüllte und warenumsetzende Konsumkultur nicht vielleicht eine herumirrende Sehnsucht nach etwas hervorruft, das absolute Werte verkörpert, etwas, das »Träger des Seins« ist oder geistige Festigkeit vermittelt? In früheren Epochen stand die Kirche oder der Tempel mitten im Ort, als eine visuelle Erinnerung daran, daß es ein Zentrum und eine Peripherie im Dasein gab, daß gewisse Dinge – beispielsweise der heilige Raum oder der Altar – Werte repräsentierten, die außerhalb des Normalen standen. Das Heilige repräsentierte eine unverletzliche Ordnung. Inzwischen scheint die Ewigkeitsmetapher zu verblassen. Vielleicht ist das der Grund, warum die Menschen immer wieder, und in immer kürzeren Abständen, dem Neuen eine Kraft zuschreiben, die es selbstverständlich nicht hat.

Wenn die Symbole für das, was geistlichen Halt gibt, oder für das Ewige verschwinden, versucht man vergeblich, seine Pfähle in eine Art Zentrum einzuschlagen. Da sogar die Suche nach einem solchen Zentrum der postmodernen Zerrissenheit zum Opfer gefallen ist, ist es kein Wunder, daß die Devise »alles, und zwar sofort« Anklang findet. Es geht nicht darum, zu *sein,* auch nicht, zu *haben,* sondern zu *kaufen.* Der Homo consumens hat den Homo sapiens abgelöst.

Ebenso wie die materiellen Werte scheinen in der reichen westlichen Welt die Erlebniswerte immer selbstverständlicher an Bedeutung zuzunehmen. In den Medien gesehen zu werden, am liebsten als Moderator, Künstler oder Nachrichtensprecher, ist der größte Traum vieler junger Menschen. Und genau das – gesehen, geliebt und bewundert werden zu wollen – ist vielleicht ein Indiz für die Einsamkeit einer ganzen Generation; viele junge Leute sind von einer mit sich selbst beschäftigten Elterngeneration nicht bestärkt, sondern ignoriert worden. Der Traum, »bekannt« zu sein, entspringt wahrscheinlich aus einer tiefen Trauer über die eigene abgrundtiefe Verlassenheit. Das Thema zu berühren fällt Eltern und Kindern allzu schwer: Niemand hatte Zeit.

Das *Reisen* (aber natürlich nicht per Charter!) gehört zu den wichtigsten Träumen der heutigen Jugend. Die Erlebnisreise, am liebsten zu so unzugänglichen Plätzen wie irgend möglich und gerne allein, ist zu einem Zeichen von Stärke und Identität geworden. Die Bevölkerung in exotischen Ländern starrt mit resigniertem Blick auf die umherstreifenden westlichen Rucksacktouristen. Braungebrannt spielen sie Volleyball oder liegen am Strand, während das einheimische Personal ihre Toiletten putzt. Bald ziehen sie weiter zum nächsten Land – Argentinien oder Malaysia.

Sicherlich gibt es Gegentendenzen; die Caffe-latte-Kultur breitet sich aus, Philosophiekurse scheinen immer mehr in Mode zu kommen, die Sehnsucht nach inhaltlicher Auseinandersetzung ist augenfällig. Wie kollektive Abschirmungen gegen Verwirrung und Streß sprießen sie aus dem Boden: Heimatromantik, Suche nach geschichtlichen Wurzeln, Gesellschaft der Zigarrenraucher, Woche des Mittelalters, Handarbeitsclub, Gruppen für Streßbewältigung, Befreites Atmen, Freunde der Füllfederhalter, Tai Chi und »Vereinigung zur Verzögerung der Zeit«.

Viele schreiben der »guten alten Zeit« Werte zu, die sie selbstverständlich nicht besaß. Auf spirituellem Gebiet suchen viele nach Idealen aus altchristlicher Zeit oder aus archaischen Urzeiten. Wüstenväter, buddhistische Mönche und Schamanen werden romantisiert. Andere suchen das Genuine, »etwas anderes«, einen »Platz«. Gegen das Hektische und Globale wird das Stille und Lokale gesetzt.

Åke Daun und andere haben gezeigt, daß gerade die

Schweden ein tiefes Naturempfinden besitzen, mag es nun dem Meer, dem Angeln oder dem Wald gelten.[5] Es ist ein Ausdruck des Gegensatzes zum Angefertigten, Gekünstelten und Unnötigen. Die Natur wird als unverletzbar heilig erlebt. Viele halten ihre private Andacht in der stillen Tiefe des Waldes. Aber auch die Kirchen selbst erfahren wieder stärkere Wertschätzung. Untersuchungen haben gezeigt, daß ihnen sehr großer Wert beigemessen wird. Eine Bibliothek, eine Schule, eine Bank oder ein Park im Stadtbild reichen nicht aus. Nicht zuletzt anläßlich von Geburt, Erwachsenwerden, Paarbildung und Tod werden Symbole *einer anderen Ordnung* gebraucht.

Wenn die Umschlaggeschwindigkeit einen Eigenwert erhalten hat, kommt es zu einer Art Gegenbewegung. In aller Stille zieht es die Menschen zu Dingen und Orten, die erfüllt sind von einem *kontinuierlichen Sein* – zu den Gegensätzen von Veränderung und Wechsel. Das gilt nicht zuletzt dann, wenn nationale oder private Katastrophen eintreten. Nach dem Untergang der »Estonia« vertiefte sich nahezu die gesamte schwedische Bevölkerung in eine Art ritueller Handlungen. Wenn alles ins Wanken gerät, braucht man etwas, das in einem anderen Sinne »da« ist als Kinder, Freunde, Kultur und Natur.

Hier sehen wir, daß auch in unserer Zeit das Religiöse ins Bild kommt, oftmals diffus und ein wenig verlegen. Manche gehen in die Kirche und zünden eine Kerze an, ohne richtig zu wissen, warum. Andere haben eine Ikone in einer Ecke ihrer Wohnung oder tragen eine Kette mit Kreuz um den Hals. Aber sie wissen nicht genau, wieso. Philosophen würden von einem ontologischen Durst sprechen. Kirchenvater Augustinus würde noch weiter gehen und behaupten, daß das Herz des Menschen unruhig ist – das ist das grundlegende Kennzeichen auch des modernen Menschengeschlechts –, bis es Ruhe in Gott findet. Alle Übungen in Streßbewältigung oder stillem Lebensgenuß bleiben unter diesem existentiellen Gesichtspunkt lediglich Dekoration oder Fluchtversuch; es gibt eine grundlegende Sorge, die der Existenz innewohnt. Sie ist geistiger Natur. Sich mit dieser Sorge auseinanderzusetzen, ist Teil der menschlichen Reifung. »Aber ohne Gott müssen so viele Worte sterben: Diejenigen, die keinen Fixpunkt mehr finden«, schreibt Sidner in Göran Tunströms *Solveigs Vermächtnis*.[6]

Die Zerbrechlichkeit der Beziehungen

Rastlosigkeit hat auch mit ethischem und existentiellem Relativismus zu tun. Traditionell starke Normgeber wie die Familie, die Schule und die Kirche wurden geschwächt – sie sind nicht länger die wichtigsten Erzieher. Andere Vorbilder kommer zeitiger zum Tragen, vor allem in der Welt der Jugendlichen. Sie werden immer widersprüchlicher. Keines dieser Vorbilder besitzt mehr die Kraft des Selbstverständlichen, keines hat ein automatisches Vorrecht der Interpretation. Die wichtigsten Bausteine der Identitätsbildung werden eher aus Musik, Medien, Fernsehen, Mode und Internet bezogen als aus politischen Parteien oder der Kirche. Der Medienkonsum der Jugendlichen beträgt rund fünf Stunden täglich, effektiv gesteuert von organisierten ökonomischen Interessen. Das, was sich als Individualismus darstellt, ist vielmehr eine vorsätzliche Gleichrichtung. Blinzelt man mit den Augen, während man über einen Marktplatz blickt, sieht man im großen und ganzen nur eine vorherrschende Kleiderfarbe. Der Farbcode der Mode regiert.

Noch vor wenigen Jahrzehnten waren die Lebensstile relativ schichtspezifisch. Man konnte an Äußerlichkeiten ablesen, wer welcher sozialen Gruppe angehörte. Heute werden die Lebensstile eher durch Altersgruppenzugehörigkeit und die Übereinstimmung von Interessen gesteuert.

Die *sozialen Berührungsflächen* haben sich vermehrt und gleichzeitig abgenommen. Konkreter ausgedrückt: Junge Leute – aber auch ältere – kommen heute mit viel mehr Menschen in Kontakt. Gleichzeitig wird die Zeitspanne, die sie diesen anderen Menschen widmen, kürzer. Das bedeutet, daß der einzelne im Laufe seines Lebens heute mit einer größeren Anzahl Personen in Kontakt kommt als früher, wobei diese Beziehungen von immer kürzerer Dauer sind.[7] Die Alterssegregierung ist größer als je zuvor. Fünfzehnjährige haben keinen Umgang mit Siebzehnjährigen. Zwanzigjährige unternehmen kaum etwas zusammen mit Fünfundzwanzigjährigen. Generationsüberschreitende Aktivitäten werden immer seltener. Es passiert eine Art *soziale Ausdünnung*, gerade weil die Tendenz zunimmt, das Leben als das ureigene Projekt jedes einzelnen zu betrachten. Das ist eine Herausforderung, kann aber auch ermüdend sein. Worte wie Solidarität, Opferbereitschaft oder Verantwortung für andere Menschen nehmen sich gegenwartsfern aus und werden eher als überlebte Metaphern der politischen Linken aus den sechziger und siebziger Jahren aufgefaßt. Es gibt Jugendliche, die am liebsten nur befristeten Jobs nachgehen würden. Sie wollen hart arbeiten und anschließend verreisen. Das ganze Leben lang an ein und demselben Arbeitsplatz zu bleiben, scheint für nicht wenige junge Menschen ein abwegiger Gedanke zu sein.

In der bäuerlichen Gesellschaft waren die Berührungsflächen weniger zahlreich, aber dafür größer. Man hatte sein ganzes Leben lang mehr oder weniger mit denselben Menschen zu tun. Heute hat man schon früh mehrere Erzieher, Lehrerinnen und Urlaubsvertretungen. Kinder sind gezwungen, sich auf diese Leute einzustellen, ob sie wollen oder nicht. Die Kernfamilie befindet sich schon seit langem in Auflösung. Die Personalfluktuation an den Schulen nimmt zu, und je älter ein Kind wird, desto zahlreicher sind die Personen, zu denen es sich irgendwie verhalten muß. Das kann zu einer Identitätsverwirrung führen und gerade deshalb zu einem Bedürfnis nach Abgrenzung, einem Bedürfnis, wahrgenommen zu werden. Vielleicht ist Piercing eine auffällige Art zu fühlen, daß man existiert. Die Schmerzen, die dabei oder auch bei intensivem Körpertraining entstehen, werden zu einer Art und Weise, seiner selbst bewußt zu werden, daß man als einzelner existiert. Das ist die eine Seite der Medaille.

Die andere ist ein gesteigertes Anpassungsvermögen, eine rasche Auffassungsgabe, kurz gesagt *Flexibilität*. Aber was unterscheidet die positive Flexibilität oder Adaptionsfähigkeit von der nervösen Rastlosigkeit? Was ist der Unterschied zwischen Veränderungsfreudigkeit und der Unfähigkeit zu tiefem Kontakt? Was ist lebenswichtige Anpassungsfähigkeit und Flexibilität, und was ist Unvermögen, langfristige Ideen zu verfolgen, solche, die Opfer, Solidarität oder Umsicht erfordern?

Um einen anderen Menschen kennenzulernen, braucht es eine gewisse Zeit und Beständigkeit. Aus mehreren Gründen lernen viele schon früh, keine größeren Erwartungen in die Bekanntschaft mit anderen zu legen. Besser, man beißt die Zähne zusammen und kommt allein zurecht. Notwendigerweise investiert man dann nicht spontan in eine andere Person. Vielleicht hat das zur Folge, daß der Mensch schlechter dafür ausgerüstet wird, sich tiefer auf einen anderen einzulassen, vielleicht sogar auf Gott?

Immer mehr Leute lernen relativ früh, sich nicht allzu eng an einen anderen Menschen oder an eine Gruppe anzuschließen. Täte man das, würde man riskieren, enttäuscht zu werden. Da ist es besser, sich überhaupt nicht auf Beziehungen zu verlassen, sondern lieber auf sich selbst oder auf etwas, das man (wie man meint) unter Kontrolle hat. Das Ich ist zum neuen Projekt geworden. In ferne Länder zu reisen gibt einem das Gefühl, sich selbst zu beherrschen. Das trotzige »ich kann das selbst« des Kindes kehrt auf kulturellem Niveau zurück. Das ständige Bedürfnis, seine Originalität zu markieren – was nicht dasselbe ist wie Egoismus –, ist vielleicht eine Überlebensstrategie für den, der früh enttäuscht wurde.

Die verlängerte Jugendzeit (nicht wenige Fünfzigjährige scheinen sich immer noch wie Teenager zu fühlen) sorgt dafür, daß sich die Bindungen zwischen Individuum, Generation und Geschichte auflösen. Das Wissen und die Erfahrung der Älteren hat immer weniger Relevanz für die Jüngeren. Eltern verlieren ihre frühere *erfahrungsbasierte* Überlegenheit durch den *technikbasierten* Vorsprung der Kinder. Der oder die Fünfzehnjährige kennt sich besser mit Computern und Internet aus als der fünfundvierzigjährige Vater. Das Erwachsensein ist problematisch geworden, seit Eltern ihren Glauben an die eigene Kompetenz als Erzieher zu verlieren begannen. Es ist schwer, sich selbst ernst zu nehmen, wenn etwas, was vor wenigen Jahren noch als richtig galt, nun durch andere Werte ersetzt wird. In manchen Bereichen ist es nicht das Kind, das erzogen werden muß, es sind die Erwachsenen, die mithalten müssen: »Die Zeiten haben sich geändert, lieber Papa«, sagt der Sechzehnjährige und geht seiner Wege. Das Wort Erziehung ist untergegangen wie die Reste eines unterdrückenden patriarchalischen Systems, aber was ist an seine Stelle getreten?

Es ist gar nicht so ungewöhnlich, daß Kinder ein Elternteil trösten müssen, wenn dessen Partner sich aus dem Staub gemacht hat. Aber auf Kindern, die gegenüber ihren eigenen Eltern allzu früh eine Erwachsenenrolle einnehmen, lastet eine große Einsamkeit. Sie trauern ihr Leben lang darum, daß niemand sie beachten konnte oder wollte. Die frühreifen Kinder sehnen sich nach der Fürsorge, die ihnen niemand gegeben hat. Es ist kein Wunder, wenn sie später ihre eigene Liebesbeziehung idealisieren oder romantisieren. Gleichzeitig werden sie gerade deswegen ständig enttäuscht. Es erstaunt nicht, daß die früh Enttäuschten dem Familienidyll der Werbung hinterherjagen. Kein Wunder, daß die Rastlosigkeit von innen kommt.

Gleichrichtung, Konsumismus und Ästhetisierung

Jetzt folgt eine theoretische Vertiefung für alle, die es interessiert (die anderen mögen weiterblättern zum nächsten Kapitel).

Die Entstehung der modernen westlichen Gesellschaft wird manchmal beschrieben als Folge der Industrialisierung, einer zunehmenden Differenzierung der verschiedenen Gesellschaftssphären, einer gesteigerten Rationalisierung, einer markanteren Trennung der unterschiedlichen Rollen, die der Mensch einnimmt, sowie des Aufbaus moderner Informations- und Kommunikationsnetze. In der Nachkriegszeit hat man zunehmend von der Konsumgesellschaft gesprochen, daß die Industriegsellschaft von der Informationsgesellschaft abgelöst wird und daß diese wiederum im Begriff ist, von der Erlebnisindustrie abgelöst zu werden.

Globalisierungstendenzen durch Internet und übernationale Firmen – deren Logotypen dafür sorgen, daß man sich überall auf der Welt zu Hause fühlt – bewirken, daß die

Rastlosigkeit der Landstreicherei durch ein Wiedererkennen kompensiert wird. Egal, ob die Jugendlichen in Kalkutta, Trondheim oder Mexico City landen, sie können sich beim gleichen »Pizza Hut« wie daheim stärken. Man ist weit weg und doch zu Hause. Durch die Musik aus den Lautsprechern, die Mode in den Schaufenstern und die Werbespots im Fernsehen, ebenso wie durch das überall gegenwärtige CNN, nimmt sich die vielbesungene Postmoderne eher wie eine immer stärkere Homogenisierung aus. Die konsumistischen Lebensstile der Globalisierung – gekoppelt an die Handelsmarken – schaffen eine »Gleichrichtung«.[8]

Religiöse Begriffe wie Glaube und Heiligtum, ebenso politische Worte wie Liberalismus oder Demokratie, werden von ökonomischen Begriffen wie Markt und Kunde ersetzt. Das wichtigste ideologische Symbol unserer Zeit ist deshalb weder religiös (Kreuz oder Halbmond) noch politisch (Hammer und Sichel), sondern kommerziell: *der Geldautomat.*

Parallel zu dieser Entwicklung hin zu Vielfalt, Mobilität und Konsum verläuft die Frage der Individualisierung: die Jagd als Projekt. Es gibt ganze Industrien, die daran arbeiten, beim einzelnen Unsicherheit über den eigenen Körper und das Aussehen entstehen zu lassen. Sie tun dies mit dem Ziel, Waren oder Dienstleistungen zu verkaufen, die vor der Unsicherheit, die sie selbst geschaffen haben, schützen sollen. Immer mehr Leute mühen sich damit ab, ihre eigene Identität herauszumeißeln, ihr Selbst oder ihre Einzigartigkeit zu finden. Die meisten wollen nicht Teil der Masse sein, sondern »sie selbst«. Aber dieser Originalitätsdruck ist seinerseits problematisch geworden.[9]

Die Identität war lange gekoppelt an die Sozialisation (soziale Erziehung) hinein in relativ wenige und stabile Formen, d. h. Schule, Familie, Freunde, Vereine, Kirche. Es gab deutliche Sozialisationsagenten und unterscheidbare Prozesse hinein und hinaus aus diesen Bewegungen. Heute sieht man immer mehr und immer diffusere Normgeber. Außerdem scheinen die Wege hinein und hinaus aus sozialen Räumen schneller zu werden. Hinzu kommt, daß das »Ich« einzelner Personen, die mit Normen umgehen oder sich eine Lebensanschauung suchen sollen, immer zerbrechlicher oder dünner zu werden scheint.

Die zeitgenössische Identität wird sowohl von kollektiven als auch persönlichen Faktoren geformt; stark vereinfachend könnte man sagen, daß die gespaltene *Gesellschaft* mit *individualistischen Persönlichkeiten* zusammenspielt. Diese beiden Prozesse verstärken sich gegenseitig. Werden sie zusammengeführt, schafft das den Nährboden für den Relativismus, der auftritt, die Ad-hoc-Haltungen, die oft charakteristisch sind für religiöse wie politische Ideologien. Nichts hat mehr die Kraft des Selbstverständlichen. Die Kollektive als Träger gesellschaftlicher Modelle und christlicher Auslegung sind eingerostet. Ein jeder Mensch wird zunehmend mehr sich selbst überlassen, um sich seinen eigenen Lebensweg zu suchen. Wird aber die Vielfalt zu verworren und unentwirrbar, sind bald die Stiefeltritte der Marschierenden in der Ferne zu hören. Der Ruf nach starken Führern, klaren Botschaften und einfachen Lösungen kommt vielleicht schneller auf, als wir ahnen.

Die exponentiell gestiegene Zugänglichkeit zu verschiedenen Handlungsweisen und Alternativen führt zu einer *Übersättigung.* Alles erscheint gleichermaßen wahr oder falsch. Die vielbesungene Postmoderne eröffnet eine grundlegende Unsicherheit über die Möglichkeiten, solides Wissen zu erlangen. Das führt dazu, daß das Selbst oder die Identität auf eine ganz andere Art als früher zu einem *reflexiven Projekt* wird, bei dem man ständig bereit sein muß,

Standpunkte und Lebensstil zu ändern. Es kommt einem so vor, als habe der zeitgenössische Mensch sich ein Arsenal an Schablonen für den Fall zugelegt, daß er sich selbst beschreiben soll. [10]

Ein anderer Aspekt unserer Zeit ist die *Ästhetisierung.* Das Äußere wird zu dem, was zählt, wenn das Innere nur selten Raum bekommt. Die Leute beschäftigen sich immer mehr damit, ihre Identität durch Aussehen, Mode und Posen zu erlangen – nicht durch Ansichten, durchdachte Argumente oder Wissen. Gleichzeitig regt sich Widerstand. Wenn man dabei ist, vom Strudel der Gegenwart verschlungen zu werden, fühlt man ein Bedürfnis danach, aus der Gleichrichtung auszuscheren. Das bewirkt, daß die privaten Sphären immer wichtiger werden. Je bewußter man sich seiner selbst wird, desto wichtiger wird das Anderssein – und sei es nur durch Haarfarbe, Kleidung, Figur etc. Mode und Konsum werden hier sowohl zu einem kollektiven Identitätsmarker als auch zu einer Art und Weise, sich gegen andere abzugrenzen. Das bedeutet, daß das Selbstverständnis nicht länger durch soziale Prozesse oder Institutionen (Schule, Kirche, Familie) aufrechterhalten wird, sondern vielmehr durch Musikrichtungen, Geschmack und Wortwahl, sprich: wie man sich im Alltag darstellt. Der ästhetische Mensch kann es zulassen, in der Masse aufzugehen und sich den Trends anzupassen wie ein Chamäleon. Gleichzeitig hat er eine reflexive Seite, die bewirkt, daß er sich von seinen Zusammenhängen distanziert und einen eigenen Stil wählt. [11]

Die Ästhetisierung des Alltagslebens wird am sichtbarsten an der Psychologie des Körpers und des Körperverständnisses. Anscheinend wird das Körperideal hauptsächlich aus der Welt des Films, der Medien, der Werbung, der Mode, der Musik und des Sports bezogen. Die Fixierung auf das Äußere, auf Figur und Aussehen führt zu einer Idealisierung. Die

Gleichung der Konsumgesellschaft lautet deshalb *Jugend +
Schönheit = Glück.*

Jugend- und Erfolgsmythen

»Jugendlichkeit« ist in der westlichen Welt der symbolische
Indikator des guten Lebens. Jugend ist ein Terminus für das
Flinke, Schöne und Formbare. Jugend ist eine Utopie von
Unsterblichkeit. Gleichzeitig zeugt die Idealisierung der Jugend von der Verleugnung des Alters und der oberflächli-
chen Verführung. Jugend ist ein kommunikativer, ästhetischer und erotischer Mythos, an dem sich auch die Erwachsenen und Alten immer mehr orientieren. Das führt dazu,
daß Begriffe wie Reife, Alter oder Weisheit so gut wie verschwunden sind. Wenn ältere Menschen mit Ratschlägen
kommen, hören die Jüngeren artig zu – »man will ja nett zu
den Alten sein« –, aber die Ratschläge werden selten als rele-
vant erachtet. Ältere Menschen dürfen sich in den Medien
so lange zeigen, wie sie jugendlich und aktiv sind. Sie baden
lachend in Eislöchern oder erklettern steile Berge.

Es ist auffällig, daß viele sich im mittleren Alter unbewußt entscheiden, ihr Leben durch die Kinder zu leben,
oder daß sie sich benehmen, als wären sie immer noch Teenager. Es gibt eine verdeckte Angst, alt zu werden. Aber die
wird verdrängt – oder überkompensiert – durch Kleiderwahl
und ein hektisches Leben. Eine Mutter leiht sich die Jeans
ihrer Tochter aus. Ein Vater versucht, besser Snowboard zu
fahren als die Freunde seines Sohnes. Er benutzt die Slang-
worte der Jugend, aber er benutzt sie falsch, so daß die Kinder ihn peinlich finden.

Wenn man in die Parfümabteilungen der Kaufhäuser
kommt, ist das Licht grell und jeder Winkel voll ausge-

leuchtet. Was passiert? Im Profil fällt einem die eigene lang-
same Erschlaffung auf, zumindest gemessen an den Models
in der Werbung oder dem perfekten Make-up der Verkäufe-
rinnen. Die Kleidermode ist darauf ausgelegt, die Trennli-
nien zwischen Älteren und Jüngeren zu verwischen. Vor gar
nicht langer Zeit wußte man noch, wie ein älterer Mann aus-
zusehen hatte – ganz zu schweigen von einer älteren Frau.
Die Codes waren festgeschrieben.

Aber auch der *Erfolgsmythos* trägt zur Rastlosigkeit bei.
Die Worte »Du kannst es, wenn du nur willst!« sorgen für
unrealistische Vorstellungen. Die meisten haben mitnichten
die Möglichkeit, ihre Träume zu verwirklichen, obwohl sie
jeden Tag positiv denken. Statt dessen erscheint das ganz
normale Dasein grau in grau. Die Kluft zwischen den braun-
gebrannten, fröhlichen jungen Leuten in der Werbung und
dem eigenen höchst banalen Leben ist groß. Diese schönen
Körper und strahlenden Gesichter tragen dazu bei, daß
manche Leute sich dafür schämen oder schuldig fühlen,
wenn sie selbst nicht so perfekt sind. Die Behauptung, jeder
Mensch habe sein Glück selbst in der Hand, hat etwas
Handlungslähmendes, um nicht zu sagen Zynisches.

Zu schnell und zu viel

Die Arbeit verschlingt einen Großteil der begrenzten Le-
benszeit eines Menschen. Gleichzeitig wird die Familie idealisiert und die Sehnsucht nach Gemeinschaft geschürt. Dabei deutet so manches darauf hin, daß viele es kaum mit
ihrer Familie aushalten. Der Traum, sich zahlreich zu einem
großen *Fanny-und-Alexander*-Fest zu versammeln, gut zu essen und dabei oft und herzlich zu lachen, findet in jeder Ein-

richtungsillustrierten seinen reich bebilderten Ausdruck. Die lange, schön gedeckte Tafel steht für Geschmack, Wohlbefinden und Gesellschaft – all das eben, was man selbst nicht hat. Die Hochglanzbilder in *Schöner Wohnen* sind voller hübscher Dinge, die die meisten Leute nicht besitzen. Delikatessengeschäfte verzeichnen hervorragende Umsätze, die Zahl der Kochbücher nimmt ständig zu, man entwickelt sich zum Weinkenner. Viele vertiefen sich in komplizierte Rezepte für exotische Gerichte. Aber wer bereitet dieses Essen zu, und wer nimmt sich die Zeit, in weichen Sesseln zu sitzen?

Die »einrichtungspornografischen« Bilder sagen wohl mehr über unsere Träume aus als über die Wirklichkeit, denn der Konsum von Fastfood nimmt stetig zu. Der Zeitraum zwischen Bedürfnis und Befriedigung wird immer kürzer. Die Frustrationsschwelle wird niedriger; muß man zwei Minuten auf seinen Hamburger warten, wechselt man die Schlange. Eine wissenschaftliche Untersuchung spricht vom »Häppchengeist«, von den kleinen Mahlzeiten als neuer Eßkultur: »Ach, ich esse nur einen Joghurt mit einer Scheibe Toast dazu – das geht schneller.« Es heißt, daß viele Leute sich rund dreißig Mal am Tag einen Happen in den Mund schieben. Wir wollen schnell leben, aber die Früchte der Langsamkeit ernten.

Sicher gibt es Gegengewichte. An den Wochenenden macht man ein gutes Essen und bietet das beste an, was man hat, nämlich Zeit. Und sicher ist es eine gute Geschäftsidee, einen ganzen Laden nur mit Küchenausrüstung zu bestükken, plus der dazugehörigen schönen Kataloge. Sie treffen mitten hinein in unsere schönsten Phantasien darüber, wie das Leben sein *könnte*. So etwas spendet stellvertretenden Trost. Aber auch der glänzende Maschinenpark hetzt die Hausfrau oder den Hausmann, wenn sie oder er am Freitag abend nach Hause kommt und die ganze Familie Hunger hat.

Immer weniger Familien essen zusammen Mittag. Bei dreißig Prozent derer, die es immer noch tun, dauert die Mahlzeit weniger als eine halbe Stunde. Eine äußerst kurze Zeit des Tages ist dem sozialen Beisammensein gewidmet. Ein Kind sieht ungefähr zwei Stunden am Tag fern, unterhält sich aber nur rund zwanzig Minuten mit einem Erwachsenen. Der appetitliche Picknickkorb auf einer grünen Wiese in der Werbung verwandelt sich in der Küche der Wirklichkeit in eine schnell aufgebackene Pizza, ein paar Würstchen mit Makkaroni oder einen Zettel auf dem Küchentisch: »Nimm dir was aus dem Kühlschrank, Papa kommt bald!«

Immer mehr Menschen leben für die Arbeit statt für ihre Familie. Rein theoretisch möchten sie schon gern mehr Zeit mit der Familie verbringen. Aber wenn man sich Arbeit mit nach Hause nimmt, ist es der Job, der die Freizeit regiert, und nicht umgekehrt. Viele verwenden eine Menge Energie auf ein gutes Arbeitsklima in der Firma. Aber zu Hause soll es irgendwie selbstverständlich sein, daß es allen gutgeht. In der Firma setzt man Besprechungen an, um mit Konflikten fertig zu werden, während man zu Hause versucht, eine halbe Stunde pro Monat abzuzweigen, um darüber zu diskutieren, wer welche Arbeiten erledigt.

Viele Menschen leben an der Grenze ihrer Leistungskraft. Sie schaffen den Job, aber für Familie und Freunde reicht es kaum noch. Wenn sie von der Arbeit nach Hause kommen, fragen sie ihren Sprößling, was er den Tag über gemacht hat. Er erzählt ausführlich, während sie gleichzeitig zerstreut versuchen, die Zeitung zu lesen. Sie hören nicht zu. Nach einer Weile stellen sie dieselben Fragen noch mal. Enttäuscht setzt sich das Kind vor den Fernseher, während Papa Essen macht.

Erlebnissucht

Tatkräftige Menschen, die zu früh in eine überforderne Lage geraten sind, werden sich schnell wieder daraus befreien. Berichte sprechen von ausgebrannten Fünfunddreißigjährigen. Vielen Frauen wird nachgesagt, sie hätten den Durchblick und könnten gut organisieren. Und vielleicht finden sie ihre Identität darin, effizient zu sein. Aber Schnelligkeit und Tüchtigkeit können auch ein Schutzmechanismus sein. »Wenn ich mich entspanne, riskiere ich, daß meine Gedanken sich selbständig machen, deshalb ist es besser, ich lebe unter Volldampf.« Wer noch nicht genug davon hat, sich auf der Arbeit abzurackern, kann nach *Intensiverlebnissen* suchen, Extremsport betreiben oder mühsam seine Bauchmuskeln modellieren. Diese Art körperlicher Schmerzen betäubt die Rastlosigkeit für ein paar Tage oder Stunden. Man lernt seine Grenzen kennen, spürt, daß man existiert. Die maximale Anstrengung bewirkt, daß man wahrnehmbar wird.[12] Man unternimmt lebensgefährliche Klettertouren, betreibt Fallschirmspringen oder Bungeejumping. Wo die soziale und ökonomische Sicherheit erdrückend wird, erholt man sich, indem man sich Herausforderungen stellt oder seinen Körper quält. Ohne Erlebnisse kommt es zu Entzugserscheinungen.

An dieser Stelle ist es gewiß nicht unklug, sich Claes Hylingers Beschreibung der Unterschiede zwischen dem wahren Reisenden und dem gehetzten Touristen anzuhören:

Die Sehnsucht nach Strapazen ist nichts anderes als Kindlichkeit, ein Ausdruck der Unruhe bei dem, der seinen Platz im Leben nicht gefunden hat; das Gefühl der Müdigkeit, das auf die Anstrengungen folgt, betäubt zeitweilig die Ängste. Das ist keine angemessene Einstellung für den wahren Rei-

senden ... Es gibt noch eine andere Wahnvorstellung, bei der es an der Zeit ist, sie auszuräumen; es handelt sich um das sogenannte Suchen. Verstehen Sie mich nicht falsch, aber es ist gewissermaßen sinnlos, nach etwas zu suchen, was man nicht schon gefunden hatte. Ich bin in verschiedenen Erdteilen allzu vielen »Suchenden« begegnet, jungen Männern und Frauen, die besser daran getan hätten, auf Emersons Worte zu hören: »Wer reist, um sich zu amüsieren oder um etwas zu finden, was er nicht bei sich hat, reist fort von sich selbst und wird schon in jungen Jahren alt inmitten alter Dinge. In Theben, in Palmyra sind sein Wille und seine Gedanken so alt geworden wie die Orte. Er trägt Ruinen zu Ruinen.« [13]

Claes Hylinger schreibt weiter, daß

ein tieferer Sinn sich überall und jederzeit finden läßt – wenn man aus dem Fenster schaut, wenn man über die Straße geht, wenn man seinen coq au vin *verzehrt – und daß es nur die Hysteriker und geistig Verstockten sind, die indische Berggipfel besteigen und im Sturm über den Atlantik segeln müssen, um sich auf diese Art dazu aufzurütteln, ihr Dasein mit neuen Augen zu betrachten.* [14]

Mitten in all der Hetze stellt sich oft das Gefühl einer existentiellen *Sehnsucht* nach etwas mehr oder etwas anderem ein. Dieses »andere« ist diffus und schwer zu greifen. Manche sprechen von Lebenskrisen, andere von geistigem Mangel, von dem Gefühl, Boden unter den Füßen bekommen zu wollen, in einen großen Zusammenhang eingebunden zu sein oder einen Sinn zu finden. Das Wort »vermissen« weist auf etwas hin, das einmal da war und nun weg ist. Gegen das Vermissen kann man etwas tun. Aber das Wort unserer Tage

ist eher »Sehnsucht«. Es hat kein Objekt. Die Finger trom-
meln auf den Tisch, der Blick irrt herum. Die Sehnsucht
dreht sich um sich selbst. Die Unruhe des Rastlosen ist
selbstreferentiell geworden. Gleichzeitig ist es diese Unruhe,
in der ein Verbindungsglied zu Spiritualität und Glauben
steckt.[15]

2 | Auf der Harley durch den Louvre

Über die Wichtigkeit,
nicht mit der Zeit zu gehen

Es ist besser eine Hand voll mit Ruhe denn beide Fäuste voll mit Mühe und Haschen nach Wind.

Prediger 4,6

Die Sorge, nicht alles zu schaffen

Zurück zur Langsamkeit! Sie sind uns alle schon irgendwo begegnet: die langsamen Menschen. Auf dem Land oder hoch im Gebirge. Gestandene Männer mit Schirmmützen, roten Gesichtern und zu kurzen Hosenbeinen. Frauen auf Fahrrädern aus den fünfziger Jahren mit Plastiktüte auf dem Gepäckträger. Sie sitzen in kargen Küchen und reden lange und hintersinnig über das Leben, die Verwandtschaft und die Freunde. Sie spielen weder Lotto, noch lesen sie Dichter wie Ekelöf. Im Bücherregal stapeln sich *Das Beste* und vergilbte Ausgaben von *Heim und Welt* aus den späten siebziger Jahren. Wenn wir am Küchentisch mit der karierten Tischdecke sitzen und unseren Kaffee trinken, spüren wir ihre Gelassenheit, ihre innere Ruhe. Die blasse Herbstsonne fällt schräg durch die Fenster herein. Sie sind zufrieden mit der Stille; sie ist ein Teil ihres Wesens.

Für andere Menschen sind Langsamkeit und Stille etwas Erzwungenes. In den Fußgängerzonen mancher Stadt stehen große Männer mit kräftigen Händen herum, Arbeitslose. In ihren nach innen gekehrten Blicken ahnt man eine andere Welt, eine andere Zeit. Vielleicht warten sie auf den Beginn des abendlichen Fernsehprogramms, das die Beschäftigungslosigkeit für ein paar Stunden in den Hintergrund drängt.

Dennoch ist unsere Zeit von Hast und Eile geprägt. Die Wirklichkeit überfällt uns: Informationen, nach denen man nicht gefragt hat, Entscheidungen, vor denen man nicht weglaufen kann. Auf dem Nachttisch stapeln sich ungelesene Zeitungen, Werbebroschüren und Bücher. Aber was passiert mit jemandem, von dem erwartet wird, daß er immer leistungsfähig, erreichbar und gesellschaftlich auf dem laufenden ist, die neuesten Romane gelesen hat, seinen Körper in Form hält und mit den Kindern Schularbeiten macht? Immer öfter wird er an die Grenzen seiner Persönlichkeit gebracht. Für nichts ist wirklich richtig Zeit. Meinungen werden nicht durchdacht, die Persönlichkeit wird flach, der Blick verweilt selten länger auf etwas oder jemandem. Die Außenwelt dringt in die Innenwelt ein. Was von innen kommt, erhält selten eine Chance. Stille wird zu etwas Exotischem.

Heutzutage schaffen viele von uns es gerade noch, flüchtig durch die Zeitung zu blättern. Wir reißen Artikel heraus, um sie später zu lesen, aber schon bald stapeln sich die Ausrisse zu Haufen, die in der Sonne vergilben. Ein Film, auf den wir uns lange gefreut haben, hinterläßt einen tiefen Eindruck – aber nur eine Viertelstunde lang. Kaum aus dem Dunkel des Kinosaals entlassen, blinzeln wir noch ins Licht der Straßenlaternen, da klingelt auch schon das Handy. Die einsame Wanderung durch einen stillen Park, bei der wir noch mal über den Film nachdenken, wird unterbrochen durch belanglose Anrufe der Kinder, die irgendeine Frage zum nächsten Tag haben. Aber warum lassen wir uns denn stören? Wo verläuft die Grenze zwischen Erreichbarkeit und Verfügbarkeit? Warum fällt es immer schwerer, den Abstellknopf zu drücken? Ist es die Angst, aus der Wahrnehmung anderer zu verschwinden – keiner hat auf meinen Anrufbeantworter gesprochen, also existiere ich nicht?

Die Beispiele sind Legion. Man liest ein gutes Buch, kann jedoch vor Müdigkeit kaum noch die Augen offen halten.

Man ahnt, daß dieses Buch wesentlich mehr zu geben hat, und denkt: »Später einmal werde ich es richtig lesen.« Aber daraus wird nichts. Wir besuchen den Louvre in Paris. Rasch gehen wir durch dieses gigantische Museum, werfen einen Blick auf verschlungene nackte Leiber und flämische Gemälde und denken: »Da ist die Mona Lisa, und da ist Rembrandt, und dort in der Halle steht die Nike von Samothrake – schön.« Müde Füße auf kalten Fußböden, aber keine tieferen Eindrücke. Oder man kommt aus einer Kirche – gestärkt von der Begegnung mit dem Heiligen. Da klingelt es. Ständig wird man von sich selbst fortgerissen. Das ganze Leben ist schließlich so, als würde man auf der Harley durch den Louvre kurven. Der Blick streift über großartige Erlebnisse, aber allzu wenig bleibt hängen – das Tempo ist zu hoch. Mit großen Augen blättern wir durch die vergilbenden Fotos im Familienalbum und denken, wie schnell doch die Zeit vergangen ist.

Kirchen und Klöster haben seit je vor dem rastlosen Lebensstil gewarnt. Übersetzt man ihre spirituellen Ratschläge in die Gegenwart, sind sie schlicht, aber deswegen noch lange nicht banal: Bleibe lange im Café sitzen, verzichte auf Zeitungen, stelle schlechte Fernsehprogramme ab. Schalte für einen Abend, oder warum nicht für ein paar Tage, den Anrufbeantworter ein – ohne schlechtes Gewissen. Führe lange Gespräche mit einem Freund. Lies gemeinsam mit ihm ein Buch, laut. Lies einen guten Roman, tagsüber! Lies langsam. Schreibe ein paar Zeilen aus einem Buch ab, die dich berühren, lese sie öfter nach. Führe Tagebuch, versuche eine Struktur in dem zu erkennen, was im Leben passiert. Nimm dich selbst tief ernst. Laß dir von Monteverdi, Chet Baker oder einer anderen Musik Türen öffnen, die dich in Räume alternativer Welten führen. Baue kleine Freiräume in den Tages- und Wochenrhythmus ein. Nur dann kannst du dich gegen

die Turbulenzen der Gegenwart stemmen und darüber re-
flektieren. Das hat nichts mit Egoismus oder Selbstzentriert-
heit zu tun. Es ist auch kein Ausdruck von politischer Vogel-
Strauß-Mentalität oder sozialer Naivität. Im Gegenteil, die
Voraussetzung für menschliche Integrität war und ist immer
Selbsterkenntnis, die ihrerseits an Nachdenklichkeit und
Dialog gekoppelt ist.

»Die Zeit könne er annehmen«, steht in Torgny Lind-
grens *Hummelhonig,*

> *nicht aber die Gemächlichkeit. Aus diesem Grund lese der*
> *Mensch die Zeitungen, um sich mit den Ereignissen und der*
> *Zeit aufzublähen. Doch die Gemächlichkeit sei ungeheuer*
> *viel zäher und stärker als die Zeit, die Zeit nehme rasch ein*
> *Ende, die Gemächlichkeit aber nehme kaum je ein Ende. In*
> *der Gemächlichkeit sei beinahe alles gleichzeitig. Die Zeit*
> *sei wie die Mücken und Gnitzen, die Gemächlichkeit sei wie*
> *ein großes Rindvieh, daß am Boden liegt und wiederkäut ...*
> *Eine gewissenhaft und gemächlich durchlebte Vergangen-*
> *heit, das sei das einzige Rohmaterial, aus dem ein haltbarer*
> *Mensch zu machen sei.*[16]

Sogar die Monotonie der Autobahn kann Raum für Tag-
träume schaffen. Lange, einsame Autofahrten sind entspannend. Den CD-Spieler eingeschaltet, wird das Wageninnere
zu einem vorwärtsgleitenden Andachtsraum. Die meisten
haben sich mehr oder weniger bewußt eine eigene *musikali-*
sche Apotheke angelegt. Darin findet sich Medizin gegen
Überdruß und allen möglichen langsamen Verfall. Da gibt
es Pillen in Form von Sambarhythmen oder afro-brasilia-
nischer Musik. Da gibt es beruhigende Arznei, verabreicht
durch die strenge Majestät von Chorälen. Ohne Musik würden wir kaum überleben. Wenn es sie nicht gäbe, wäre die

Welt leer und stumm, vielleicht sogar sinnlos. Ohne Modern Jazz Quartet, Schostakowitsch, Keith Jarrett, Mozart, John Coltrane, Klezmer, Sting etc. würde unser Dasein sich ausnehmen wie ein luftleerer Karton. Es ist, als öffneten Melodien, Rhythmen und Akkorde kleine Schlupflöcher hinein in andere Welten.

Aber die äußeren Reisen bieten nicht immer Platz für die inneren. Allzu oft werden auch Reisen zu einer Jagd nach vorbeirasenden Erlebnissen. Nicht zuletzt dann, wenn Urlaubsreisen das alltägliche Gerenne kompensieren sollen. Viele setzen, wenn sie frei haben, alles daran, so viel wie möglich zu schaffen. In durchgeschwitztem T-Shirt stehen sie in südlicher Hitze und blicken hinauf zu den Fassaden. Sie lesen ihre Reiseführer und betrachten antikes Gerümpel, während sie sich nach einer eiskalten Coca-Cola sehnen. Pflichtschuldig hören sie zu, wie der Fremdenführer erklärt, daß die neunundzwanzigste Schlacht des Jahres 1328 sich an genau dieser Stelle abgespielt hat – während sie gleichzeitig einen neidischen Blick auf die Spanier werfen, die unter Platanen Siesta halten. Müden Fußes wandern sie weiter durch die Hitze, während die örtliche Bevölkerung in kühlen Hauseingängen sitzt und Bier trinkt.

Vielleicht muß sich gerade der Reisende aktiv an Plätze für innere Reisen begeben. Es sind ja diese Plätze, an die man später in Gedanken zurückkehren kann. Von ihnen zehrt man. Die meisten haben persönliche Reiseerinnerungen an solche geschützten Zonen. Für den einen ist es die Erinnerung an ein Café am Hafen einer griechischen Insel. Das Mittelmeer liegt schimmernd und azurblau zu Füßen weißgekalkter Häuser, während die Fischerboote mit dem Tagesfang heimkehren. Die Kinder schlafen, die bessere Hälfte spielt Schach mit dem Dorfpriester.

Für den anderen ist es vielleicht eine Saunahütte mit Aus-

sicht über eine stille Bucht an der schwedischen Norrland-
küste. Bald dunkelt es. Der Duft des Abendessens vermischt
sich mit dem Rauch von Grillkohle, von weitem ist das Klappern von Geschirr und das Lachen der Kinder zu hören. Der
Wind, der den ganzen Tag vom Meer hereinblies, ist eingeschlafen. Andächtig schweigt der majestätische Tannen-
wald.

Für wieder jemand anderes kann es ein fremder Kontinent sein; ein ausgedehntes Gespräch direkt vor einer U-
Bahn-Station in New York, nicht weit entfernt von der
Brooklyn Bridge. Man kauft einen Becher dampfend heißen
Kaffee an der Ecke, setzt sich hin und sieht empor zu den
stahlblauen Fassaden. Die Riesenstadt verschwindet sachte
aus dem Blickfeld; die Unterhaltung vertieft sich.

Um die äußeren Reisen zu verlangsamen, braucht es keine langen Bremswege: eine sonnige Klippe an einer Hafen-
einfahrt, wo die Kinder immer spielten, als sie noch klein
waren. Nach fünfzehn Jahren kehrt man zurück. Dort sitzt
man eine Weile mutterseelenallein und denkt nach.

Aber meistens fährt man überhaupt nirgendwohin, sondern geht einfach zu dem durchgesessenen Sofa in seiner
eigenen Wohnung, legt heißgeliebte Musik auf und unternimmt eine innere Reise, begleitet von Bo Kasper oder einem Streichquartett. Ich habe in einem früheren Buch, *Toccata,* den CD-Spieler als den Altar unserer Zeit beschrieben.
Damit meine ich, daß die Pforten zu inneren Welten eingerahmt werden von den blauen Säulen der Musik. Mikael
Enckell bezeichnet solche inneren Plätze, Erlebnisse und Ge-
schehnisse als biographische Supernovae. Sie verändern den
Lebenslauf, sie ziehen andere Erinnerungen auf sich. Aber
sie geben auch der Gegenwart Nahrung. Zu ihnen kehren
wir in den Korridoren unserer Erinnerung zurück.

Es gibt Ereignisse und Erlebnisse, welche in das Dasein des einzelnen mit einer so massiven Kraft eindringen, daß sie für kürzere oder längere Zeit die bisher gültigen üblichen Kategorien außer Kraft setzen. Wie biographische Supernovae überstrahlen sie den Lebensverlauf mit einer so gewaltigen Leuchtkraft, daß sie alles in ihrer unmittelbaren Nähe zu verbrennen scheinen. Sie ... brechen die Strahlen früherer und späterer Ereignisse, sie beeinflussen ihren Inhalt und ihre Richtung und können für Jahrzehnte etwas von ihrem Geschmack an alles abgeben, was im späteren Leben des Individuums passiert.[17]

Stier Ferdinands Lebensstil

Vielen sehnen sich danach, unter einem Baum zu liegen und gar nichts zu tun. Diese Sehnsucht wagen wir uns kaum jemals selbst einzugestehen. Wir empfinden sie als verwerflich und gleichzeitig verlockend.

Der Mensch steht so unter Druck, daß er sein Zeitbudget andauernd überzieht. Er wird ärgerlich und reizbar: »Nie habe ich eine Minute für mich selbst.« Ständig unterwegs, verliert er unmerklich die Fähigkeit, ganz bei der Sache zu sein. Er wird extrem abhängig von äußeren Stimuli. Kaum nach Hause gekommen, stürzt er sich auf die Tageszeitung; das Radio läuft den ganzen Abend. Deshalb ist ein aktiver Entschluß nötig, um sein Leben ändern zu können. Der Mensch muß eine bewußte *Entscheidung gegen* vieles von dem treffen, was er tun will, tun müßte und tun möchte, um sich einen Freiraum des Nachdenkens zu erobern. Es geht darum, hin und wieder *loszulassen,* die Kontrolle abzugeben, manchmal Stunden und Minuten einfach verstreichen zu lassen – ziellos.

Aber Ziellosigkeit ist bedrohlich. Der musikliebende Doc, eine der Figuren in einem Roman von John Steinbeck, erregt Ärger und Mißgunst. Doch die Leute pilgern in Scharen zu ihm, um sich in seinem »absichtlichen und wunderbaren Müßiggang« zu sonnen. Jemand, der sich wohl fühlt, macht sich verdächtig. Eine Person sagt zu Doc:

Es gehört zu den Symptomen unserer Zeit, daß man Menschen, die sich keine Sorge und die keinen Umtrieb machen, als gefährlich empfindet. Besonders gefährlich sind Leute, die nicht glauben, daß die Welt einmal ein Ende nimmt.[18]

Angesichts der Informationsflut und der Fülle an denkbaren Aktivitäten heißt es, sich zu wehren und ein bewußtes Nein entgegenzusetzen, insbesondere wenn es um etwas geht, was wichtig und nützlich ist. Die wichtigste Übung ist, zu verzichten, sich zu verteidigen. Es ist eine Übung darin, die intensive Gegenwart des Augenblicks wahrzunehmen und seine Sehnsucht nach dem Authentischen zu bejahen. Man muß achtgeben, sich nicht für zu vieles zu interessieren und sich nicht zu sehr zu engagieren. Entsprechend dem Klosterideal: eine Mauer zwischen sich und der Wirklichkeit ziehen, und hinter der Mauer wählt man das, worauf man sich konzentrieren will.[19]

Man kann sich gegen diese Art von Gedankengang wehren und sagen: »Das, wovon du sprichst, ist nur ein romantischer Abglanz; du weißt sehr gut, daß heutzutage niemand mehr eine solche Stille erreicht.« Ein anderer meint vielleicht: »Du ahnst ja nicht, wie angefüllt mit Unglück, Schwierigkeiten und Krisen mein Leben ist. Soll ich jetzt auch noch mein Inneres suchen? Nein danke.« Die geistlichen Traditionen würden solchen Einwendungen begegnen, indem sie noch deutlicher die Notwendigkeit betonen, sich darin zu üben, den Punkt im Kern des Selbst zu finden, der die Anforderungen der Außenwelt und die unberechenbare Vielfalt der inneren Impulse ausbalancieren kann. So etwas nennt sich geistliche Übung oder Meditation.

Viele Zeitrahmen werden unablässig gesprengt, weil wir dazu neigen, mehr schaffen zu wollen, als physisch möglich ist. Aber es ist ermüdend, ständig an den Grenzen der Leistungsfähigkeit zu stehen. Deshalb sagen wir: »Wenn ich mehr Zeit habe«, oder: »Wenn ich erst dieses oder jenes erledigt habe, dann werde ich ...«. Das Problem ist, daß wir nie die Zeit haben werden, von der wir träumen. Wir sind unser eigener Sklaventreiber. Wir haben so hohe Ideale, wie schön das Leben eigentlich sein könnte, daß uns die scheinbare Banalität unserer täglichen Aufgaben keine Ruhe läßt. Wir akzeptieren auch nicht, daß das Dasein oder wir selbst nie so sein werden, wie wir es gerne hätten, daß das Ideal *immer* mit der Wirklichkeit kollidieren wird, daß nichts jemals ganz fertig sein wird.

Der Mensch muß sich ab und zu sagen: »Ich will eine andere Richtung einschlagen!« *Und das dann auch tun.* Anstatt sich abzuhetzen, kann man üben, täglich ein paar Minuten, vielleicht jede Woche eine halbe Stunde, absolut präsent und konzentriert zu sein. In der kirchlichen Tradition nennt man das Andacht oder Retreat.

Die Fähigkeit, nichts zu tun, in den Tag hineinzuleben, ist in der westlichen Welt beinahe verschwunden. Die Forderung, glücklich zu werden, kultiviert, reich, intelligent zu sein, Karriere zu machen oder sich selbst zu finden, überlagert die Wertschätzung der Dinge und der Natur ebenso wie der Menschen um einen herum.

Lebensgenuß baut darauf auf, daß man sich darin übt, sich hin und wieder vom Gewohnten zu distanzieren, daß man den Aussichtspunkt erklimmt, der in der Antike Gesichtpunkt der Ewigkeit genannt wurde, *sub specie aeterni-tatis.* Die Chinesen nannten es *ta kuan:* eine erhöhte Posi-tion. Es ist eine Perspektive, die dem Menschen hilft, alles in einem größeren Zusammenhang zu sehen, sich weder von Reichtum noch Macht verlocken zu lassen, sondern alles so zu nehmen, wie es kommt. Das ist auch der Lebensstil, für den sich der Held unserer Heiligabend-Zeichentrickfilme, Ferdinand der Stier, aktiv entschieden hat. Wie sehr man ihn auch verspottet und antreibt, er zieht es vor, an den Blumen zu schnuppern.

Aber warum nicht direkt zur Quelle gehen? In der Bibel heißt es:

Gib dich nicht der Sorge hin und quäle dich nicht selbst durch dein Grübeln. Ein fröhliches Herz ist des Menschen Leben, und Frohsinn verlängert seine Tage. Sei guten Mutes und beruhige dein Herz und halte Kummer und Sorgen dir fern. Denn die Sorge tötet viele Leute, und der Kummer dient doch zu nichts. Eifer und Zorn verkürzen das Leben, und Sorge macht alt vor der Zeit. Wer leichten Herzens ist, dem mundet jede Mahlzeit, und das Essen bekommt ihm gut. (Jesus Sirach 30,22–26)

R. L. Stevenson spricht nicht vom Genuß, sondern vielmehr über das, was der glückliche Mensch um sich herum ver-breitet:

There is no duty we so much underrate as the duty of being happy. By being happy we sow anonymous benefits upon the world, which remain unknown even to ourselves, or when they are disclosed, surprise nobody so much as the benefactor … A happy man or woman is a better thing to find than a five-pound note. He or she is a radiating focus of goodwill;

and their entrance into a room is as though another candle had been lighted.[20]

Die herrliche Gleichgültigkeit
des Augenblicks –
Eine Philosophie des Cafébesuchs

Allzu spät im Leben merken viele, daß sie dem Wind hinterhergejagt sind. Verbissen haben sie geschuftet und sich abgerackert, aber die Fähigkeit zum Genießen darüber verloren. Für jeden gibt es Oasen. Lassen Sie mich ein paar Mußeplätze erwähnen.

Im Café – umgeben von den lauen Lüften des Müßiggangs – wird die Trägheit befruchtet. Es sollte so etwas geben wie eine Philosophie des Cafébesuchs. Über einer Tasse Kaffee lockert sich die Verknüpfung mit den Mächten des Schicksals. Man kann für ein paar Stunden die wunderbare Gleichgültigkeit des Augenblicks genießen. Niemand erwartet etwas von einem. Die träge Passivität, das stille Nichtstun, das auf unsichtbare und schläfrige Art aus jedem Café strömt, tut dem Menschen gut. Ein echtes Caféhaus serviert kein Bier. Hier gibt es keine Musik oder große Ausgelassenheit, dafür um so mehr leise Gespräche und Zeitungsgeraschel. Auf dem Tisch ein Glas Wasser.

Man kann ins Café gehen, um unter vielen Menschen allein zu sein. Sinn und Zweck eines Cafébesuchs ist nicht, Bekanntschaften zu schließen. Im Gegenteil: Der Reiz besteht darin, in eine Gemeinschaft eingebettet zu sein. Sie ist da, wenn man will, aber man kann sie auch ignorieren. Das Café ist ein Mittel gegen Langeweile, und gleichzeitig nährt es die eigene Faulheit. Als Lebensform bietet es Schutz vor Einsamkeit. Dieser Schutz kann nach eigenem Bedarf dosiert werden – zerstreutes oder konzentriertes Lesen, Gedankenwanderungen oder zurückgelehntes Beobachten und vielleicht ab und zu ein kleiner Wortwechsel. Für viele ist das Café ein Ort des Schreibens und der Nachdenklichkeit. Der eine kritzelt etwas auf eine Serviette, ein anderer meditiert über seinem Terminkalender, ein dritter schreibt etwas in ein Tagebuch. Das Café bietet sowohl soziale Gemeinschaft als auch solitäres Genießen. Wo auf der Welt man sich auch gerade befindet, man kann sich immer in die gleiche stille Sphäre zurückziehen.

Es wird berichtet, daß Franz Kafka eine Geschichte über einen Mann schreiben wollte, der es anderen Menschen ermöglicht, zusammenzukommen, ohne formell eingeladen zu sein, nur um andere zu treffen, sich mit ihnen zu unterhalten, sie zu beobachten – jedoch ohne eine nähere Beziehung zu knüpfen. Jeder sollte kommen und gehen können, wie es ihm paßte, sollte sich unverbindlich, aber ohne Heuchelei willkommen fühlen. Am Ende begreift der Leser, daß dieser Versuch, die Einsamkeit des Menschen zu besiegen, nichts anderes als die Erfindung des ersten Caféhauses ist.

Was ist das innerste Wesen des Cafébesuchs? Das Caféhaus ist eine Weltanschauung, deren Kern nicht darin besteht, die Welt zu verstehen. Will man der banalen Deutlichkeit der Dinge entfliehen, kann man sich in Spitzfindigkeiten ergehen, genauer gesagt: in das, was man zu wissen glaubt. Aber den Blick auf die Kaffeetasse und das Zuckertütchen gerichtet, spielt sich die Welt vor den eigenen Augen ab. Der Ehrgeiz, verstehen zu wollen, verblaßt.

Seit langem schon sammle ich Plätscherlaute. In manchen Cafés gibt es Springbrunnen. Dünne Wasserstrahlen ergießen sich in winzige Becken, in denen halbtote Fische nach Luft schnappen. Trotz ihrer roten Farbe schweben sie kaum wahrnehmbar über dem dunkelgrünen Samtboden.

Sie sind wohlgenährt und faul. »Was sind das für Fische?« »Karpfen«, antwortet die Bedienung auf meine Frage.

Was zur entspannten Atmosphäre beiträgt, ist wahrscheinlich gerade das leise plätschernde Wasser. Es verbreitet ungefähr so eine wohlige Ruhe wie Regen, der gegen das Fenster klopft, oder wie die Stille unter einem Baum bei einem Wolkenbruch. Die Evolutionsbiologen würden vielleicht sagen, daß wir das Geräusch von Wasser so sehr mögen, weil es das Reptilgehirn aktiviert. Unbewußt werden wir daran erinnert, wie wir einst vor Jahrmillionen aus dem Wasser an Land krochen. Ist das der Grund, warum wir am Strand sitzen und aufs Meer hinaussehen und den Wellen lauschen wollen? Jesus sagte, daß demjenigen, der ihm zuhört, eine Quelle lebendigen Wassers entspringen wird. Vielleicht aktivieren die Geräusche der äußeren Quellen innere Quellströme in uns?

Springbrunnen und Teiche haben etwas mit Nachdenken zu tun. Im Gewimmel New Yorks kann man zwischen den gelben Taxis hindurch die 5th Avenue überqueren, durch die vergoldeten Drehtüren des Trump Tower gehen und mit der Rolltreppe zu einem pompösen Café im Untergeschoß fahren. Die Wände sind mit dunkelrotem Marmor ausgekleidet. Im riesigen Atrium plätschert ein Wasserfall die beleuchtete Innenfassade hinunter. Aber warum in die USA fliegen? Im Einkaufscenter Sankt Per im Zentrum von Uppsala ist ein leises Plätschern aus einem Blumengeschäft gleich neben dem Café zu vernehmen. Leute haben Münzen in das winzige Becken geworfen. Dasselbe Empfinden kann sich einstellen, wenn man in Slussens Café sitzt und die Fährschiffe beobachtet, die nach Djurgården und zurück fahren. Der Anblick von Wasser, das Geräusch von Wasser – weckt es in uns Erinnerungen an etwas, was wir vergessen hatten?

Kaffee wurde von den Verfassern der Bibel zwar nicht erwähnt, aber Musik und gutes Essen gehören nach dem, was die Bibel unter Lebensgenuß versteht, zusammen:

Der Wein erquickt das Leben, so man ihn in Maßen trinkt. Was wäre das Leben, gäbe es keinen Wein? Der Wein ist ja geschaffen, damit er den Menschen fröhlich macht. Zur rechten Zeit und im rechten Maße getrunken, erfreut der Wein Leib und Seele ... Wie ein Rubin in feinem Golde leuchtet, ziert Musikantenspiel das Mahl. Wie ein Smaragd in edles Gold gefaßt, so ziert Gesang beim guten Wein.

(Jesus Sirach 31,32–35 und 32,7–9)

Ein Smaragd in Gold gefaßt – kann man Musik enthusiastischer beschreiben?

Der Sessel in der Hotelhalle

Stockholm. Spätherbst. Links von mir sitzen einige ältere Damen und unterhalten sich; die Worte springen hin und her. Rechts stehen ein paar Männer mit geöffnetem Hemdkragen und leicht erhitzter Stirn. Sie haben soeben Bier bestellt. Es ist Nachmittag, und am Eingang schütteln die Leute ihre Regenschirme aus. Es duftet schwach nach Zigarettenrauch und süßem Parfüm. Dies hier ist eine Hotelhalle nicht weit vom Hauptbahnhof. Niemand scheint sich dafür zu interessieren, ob man Hotelgast ist oder nicht. Falls doch jemand fragen sollte, kann man immer noch sagen, man warte auf jemanden. Keine Hintergrundmusik.

Diesen Sessel habe ich wieder und wieder aufgesucht. Er ist weder zu weich noch zu hart. Er ist von einer Festigkeit, die dem Rücken stabilen Halt gibt. Eine Massage im Sitzen. Ganz vorn auf der Sitzfläche ist der Bezug abgeschabt. Vor ein paar Jahren war die Farbe wahrscheinlich Englischrot, mit einem kleinen Stich ins Gelbe. Jetzt ist sie verschossen. Am hinteren Ende des Tresens steht ein Kellner. Er unterhält sich leise, wohl auf griechisch oder türkisch. Wenig später steht er vor mir, in dunklem Anzug mit Fliege, und fragt, ob ich einen Kaffee möchte. Ja gern, danke.

Solche Sessel stehen wie einladende Inseln der Stille in den Großstädten, insbesondere in den Lobbys der großen Hotels. Dort kann man hinter Marmorsäulen oder staubigen Kakteen in üppigen Polstern versinken. So eine Lobby hat etwas Großzügiges, Gelassenes. Vielleicht kann man es mondän nennen. Eine Stunde oder zwei versunken hier zu sitzen, schenkt der Seele Ruhe. Aber man muß auf der Hut sein. Um rücksichtslose Geschäftsleute, die in ihre Minihandys blöken, sollte man tunlichst einen Bogen machen. Eine Familie mit Kleinkindern, die Windeln tragen und quengeln, muß einfach ignoriert werden. Alles zu seiner Zeit. Jetzt ist die Zeit der Ruhe. Bald geht der Zug nach Uppsala.

Die Hotelhalle ist so etwas wie eine Zuflucht im Lärm der Großstadt. Sie ist ein Ort für introvertierte Betrachtungen. Man kann die Lider senken und durch die Drehtür nach draußen blinzeln. Dort eilen Leute schnellen Schrittes vorüber, manche mit Kinderwagen, andere mit Plastiktüten irgendeines Kaufhauses. Wieder andere gehen mit schwerem Gepäck. Aus der Manteltasche ragt die Morgenzeitung. Beim Gehen sprechen sie in ihr Mobiltelefon. Vielleicht schaffen sie es, die Zeitung auf dem Heimweg zu lesen. Die wenigsten sehen glücklich aus. Die Falten in der Stirn glätten sich selten.

Bald muß ich aufstehen und mich ins Gewühl dort draußen begeben. Aber in Moment noch ist der Sessel wie gemacht für die flüchtige Lektüre merkwürdiger Artikel über die Wanderwege der Flußaale oder den hellenistischen Einfluß auf die frühe afrikanische Lyrik. Über so etwas wird auf den Kulturseiten liegengelassener und kaffeefleckiger Ausgaben der *Times* oder des *Figaro* berichtet. Derartige Artikel können quergelesen werden, aber man sollte sich hüten, tiefer darin zu versinken. Aufmerksames Lesen zu seiner Zeit; jetzt gilt es, den Augen befreiende Ruhe zu verschaffen. Damit dies hier ein Ort der Entspannung werden kann, muß man dafür sorgen, daß man nichts von Wert liest. Der Lesestoff in den Hotellobbys sollte so sein, daß er uns nur bis zu einem gewissen Grad interessiert – aber möglichst nicht allzu sehr fesselt. Wir müssen zwischendurch auch mal hochblicken können. Auch sollte der Text nicht eine solche Qualität haben, daß man ein schlechtes Gewissen bekommt, wenn der Kopf auf die Brust sinkt. Man muß sich diese Sekunden oder Minuten des Dösens gönnen. Das ist ein Mechanismus des Körpers, um den Geist zu schützen. Es sind gnädige Momente, in denen die Leuchtstrahler der Aufmerksamkeit in dunklen Hotelecken plötzlich abgeschaltet werden. Die innere Traumlandschaft tritt deutlicher hervor als die äußere Umgebung. Zu Zeiten unserer Großväter nannte man das »ein Nickerchen machen«. In den Manager-Blättern unserer Zeit wird es als *powernap* gepriesen.

Diese stillen Oasen in den Städten können wir kostenlos nutzen. Dasselbe gilt übrigens für viele der besten Genüsse. Schlimmstenfalls kostet es ein paar Münzen für eine Tasse Kaffee oder ein kleines Bier. Die Beleuchtung ist gedämpft. Ein schwaches Summen von der Klimaanlage ist zu hören. Um die Ruhe der Lobby maximal ausnutzen zu können, muß der Raum so großzügig geschnitten sein, daß die Gespräche anderer nur als leises Raunen wahrzunehmen sind. Zwiegespräche sind schließlich nicht dazu da, daß man sie mithört. Optimal ist es, wenn man die Anwesenheit anderer nur als soziales Hintergrundrauschen wahrnimmt. Gedämpfte Schritte, das dezente Klirren von Besteck auf Porzellan und leise Gespräche sind eine Voraussetzung für dieses behagliche Empfinden. Das ist weit entfernt von dem sozialen Milieu einer Eckkneipe.

Ich sagte es schon – solche Sessel gibt es in allen Städten. Sie sind manchmal schwer zu finden, manchmal arg heruntergekommen. Aber sie sind wie gemacht, um in alten Tagebüchern zu blättern oder einfach nachzudenken. Cafés, Wartesäle, Bibliotheken und Hotelhallen sind vielleicht die letzten Bastionen der Großstadt gegen Hetzjagd und trügerische Effektivität.

Von der Notwendigkeit, zu bummeln

Wenn man älter wird, muß man versuchen, sich nicht unnötig abzurackern. Zumindest gilt das für mich ... Ich kann das Tempo nicht mehr recht durchhalten und muß aufpassen, daß die kreativen Kräfte mich nicht im Galopp durchs Universum jagen. Ich muß ... mich ganz schön zusammenreißen und mir gut zureden, damit ich nicht zuviel mache.[21]

Nur wenige scheinen sich selbst gut zuzureden. Der innere Richter ist unbestechlich. Aber auch die Agenda steuert das Leben in so hohem Maße, daß sie dann, wenn die Freiheit endlich da ist, längst vollgeschrieben ist. Das Wort »flanieren« klingt zu vornehm und paßt besser in Paris als bei uns. Vielleicht ist »schlendern« ein besseres Wort, oder warum nicht »bummeln«?

Man sollte sich an das Buch des Chinesen Lin Yutang erinnern, *Die Weisheit des lächelnden Lebens* von 1937. Es mag ein wenig anstrengend sein wegen seiner romantischen Verklärung des Ostens und seiner flotten Ratschläge, aber es

enthält auch eine Reihe bedenkenswerter Anregungen, wie
beispielsweise unter den Rubriken »Der Wert des Müßiggangs«, »Der Genuß des Lebens«, »Vom Im-Bett-Liegen«,
»Vom Sitzen auf Stühlen«, »Vom Tee und von der Freundschaft« oder »Vom Gespräch«. Insgesamt sind die Darlegun-
gen des Autors eine beißende Kritik an drei abendländischen
Werten: »das Funktionieren, die Pünktlichkeit und das Streben nach Leistung und Erfolg«. Die westlichen Menschen

*lassen sich durch diese Untugenden ihr unveräußerliches
Recht auf das gegebene Maß von Müßiggang beschneiden
und sich so manchen guten und faulen Nachmittag abgau-
nern, den sie sonst im Nichtstun verbrächten. Der Mensch
bedarf von Anfang an des zuversichtlichen Glaubens, daß …
neben der edlen Kunst des Erledigens die noch edlere Kunst
steht, die Dinge unerledigt zu lassen.*[22]

Lin Yutang versucht den Menschen zu lehren, immer nur eine Sache zur Zeit zu erledigen, und das gemessen und ge-
fühlvoll. Ganz gleich, ob es sich um essen, plaudern, spazie-
rengehen, arbeiten, Kunst betrachten, angeln, in den Wald
gehen, ein Gedicht lesen oder mit seinen Kindern schmu-
sen handelt – um nur ein paar willkürliche Beispiele zu
nennen.

Aber es erfordert eine Willensäußerung, unnötige Informationen fernzuhalten. Um es in Yutangs Sinne zu formulieren: Überspringen Sie die Kapitel, von denen Sie meinen,
daß Sie sie eigentlich lesen müssen – auch in diesem Buch
hier. Geben Sie das Streben nach Vollständigkeit auf. Tun Sie
statt dessen wenige Dinge, und tun Sie sie mit Gemessen-
heit. Geben Sie die Jagd nach unnötigem Wissen auf! Warum muß man ein Buch von Anfang bis Ende lesen? Wenn
es schlecht ist, werfen Sie es in die Ecke!

Jeder, der den Film *Club der toten Dichter* gesehen hat, wird sich an den Spruch »carpe diem« (pflücke den Tag) erinnern, der von Horaz stammt. Es gibt eine bis in die Antike zurückreichende Tradition, nach der man den Tag achten und das, was man tut, mit vollem Bewußtsein tun soll. Der Ausspruch »age quod agis« (tue, was du tust) stammt von Plautus. Die antike Tradition betonte, daß es *Übung* erfordert, das Jetzt zu verteidigen, in der Mitte zu leben zwischen dem, was kommt, und dem, was vergangen ist. In christlichen Erweckungsbewegungen schrieb man oft diesen Spruch auf Wandbehänge: »Gestern ist vergangen, morgen liegt verborgen. Heute hilft der Herr.«

Wenn man – wenigstens zeitweise – darauf verzichtet, zu planen, und nicht versucht, glücklich zu werden, nimmt die Unrast ab. Das Glück hat offenbar einen Nebeneffekt; je mehr man ihm hinterherjagt, desto schneller flieht es vor einem. Der Weise wird selten enttäuscht, denn er hegt keine zu hohen Erwartungen. Auch wird er nicht desillusioniert, denn er macht sich kaum Illusionen, meint Lin Yutang. Diese Botschaft ist weit entfernt von jenen Leitsätzen in populären Büchern über positives Denken à la »du bist, was du denkst«.

Lin Yutang verweist auf das Motto der taoistischen Philosophie, den Tag so zu nehmen, wie er kommt. Als erstes stellt sich ein Gefühl der Freiheit ein, sogar eine Liebe zum Veränderlichen. In dieser Denktradition liegt eine Einsicht, daß sich das Leben größtenteils gar nicht beeinflussen läßt, sondern daß es uns vielmehr »passiert«. Nur wenn man lernt, den provisorischen Charakter aller Dinge zu sehen, kann man zu wirklich intensiver Lebensfreude finden. Yutang ist überzeugt, daß sich im Kern des lauten, hektischen westlichen Lebens ein starker Wunsch, ja eine fast himmlische Sehnsucht verbirgt, ausgestreckt auf einer Wiese unter hohen Bäumen zu liegen und nichts zu tun. Vielleicht liegt dieser Gedanke an der Grenze zum *Allerverbotensten.*

Yutang äußert Selbstverständlichkeiten auf eine entwaffnende Art und Weise, wie etwa, daß wir Hauptsächliches von Nebensächlichem trennen und nicht zulassen sollen, daß Nebensächliches die Überhand gewinnt. Es gilt, den Einfluß des Unwesentlichen zu eliminieren. Aber um das tun zu können, brauchen wir den Mut, zu ignorieren und allem unnützen Wissen die Tür zu weisen.

Ein »Lebensphilosoph« empfindet die Welt auf dieselbe Art wie ein Maler. Mit blinzelnden, leicht zusammengekniffenen Augen sieht er über eine Landschaft. Die groben Details der Realität werden ein kleines bißchen weicher, wenn wir die Teile des Ganzen durch den Impressionismus der halbgeschlossenen Lider wahrnehmen. Der Lebensphilosoph ist deshalb das Gegenteil des Realisten, der ganz in seinen täglichen Verrichtungen aufgeht und glaubt, daß sein Glück und sein Unglück, seine Verdienste und seine Verluste absolut real sind.

Das Wort Genuß wird gerne mit Egoismus oder Unverantwortlichkeit in Verbindung gebracht. Aber in diesem Zusammenhang bedeutet es ganz einfach sinnliche oder soziale *Erlebenswelten* mit unendlichen Variationen. Die Voraussetzung dafür ist, daß man sich in seiner eigenen Gesellschaft wohl fühlt; daß man sich gerne in seinen vier Wänden aufhält, Musik hört, mit dem Hund spazierengeht oder sich an Blumen und Wolken erfreut, an kleinen Bächen und brausenden Wasserfällen und den stillen Wandlungen der Natur. Es kann bedeuten, Freude zu empfinden über Poesie, Kunst, Meditation, Konversation, Freundschaft, ein gutes Buch und das Beisammensein mit anderen. Es kann sich in einem Essen mit guten Freunden ausdrücken oder in der Erschöpfung nach einer Gymnastikstunde, wenn die anfeuernde

Musik verstummt ist und ein ganzer Saal voller verschwitzter Kursteilnehmer bei absoluter, himmlischer Stille zwei Minuten lang Dehnübungen macht – ohne Musik und störende Informationen. In diesem Sinne sind Bach oder Kafka weder schöner noch wertvoller als der Genuß, durch den Wald zu laufen, eine Tasse Kaffee zu trinken, sich an einem Freitag nachmittag ein Bier zu gönnen oder nachts um zwei an einer Autobahnraststätte Pause zu machen.

Andere Genüsse vermitteln die *geschaffenen Werte,* diejenigen, von denen der Mensch sagen kann: »Das habe ich gemacht, und ich bin zufrieden. Ich habe etwas zustande gebracht, was vorher nicht da war, und das gibt mir Befriedigung.« Etwas zu präsentieren, was man selbst geschaffen hat – vielleicht mühsam, zweifelnd und nach mehreren Versuchen –, ist an sich schon befriedigend. Aber das Anfertigen braucht Zeit. Die Freude, die durch Kreativität entsteht, ist kaum durch etwas anderes zu ersetzen. In der Arbeit selbst liegt eine Ruhe, aber das schöpferische Arbeiten führt gleichzeitig zu einer Befriedigung, die nichts anderem gleicht, die nur auf eine »wohlverrichtete Arbeit« folgt. Das kann ein gestrickter Pullover sein, eine gezimmerte Hütte, ein verfaßter Text, ein repariertes Moped, eine niedergerissene und wiederaufgebaute Mauer, ein Gemälde, eine Melodie, eine gelungene Mahlzeit. Die meditative Funktion des Handwerks wird wahrscheinlich wiederentdeckt werden.

Genießen ist eine instinktive – eher körperliche – Attitüde des menschlichen Lebens. Aber Genießen ist nicht die Antwort auf ein Problem. Es ist ein Akt des Gegenwärtigseins, in den Kategorien wie »vorher« oder »bald« nicht eindringen und der auch keinen über sich selbst hinausweisenden Zweck hat. »Man muß das Leben mehr lieben, als es Sinn hat«, schreibt Dostojewski in *Die Brüder Karamasow* (mehr dazu in Kapitel 6).

Die Kunst, so vollendet wie möglich in einem Bett zu liegen, ist genauso wichtig wie das Lesen eines Buches, meint Lin Yutang. Es gilt, die Beine auf schönste Art und Weise anzuwinkeln. Konfuzius lag mit angezogenen Beinen in seinem Bett. Vielleicht ist es ebenso wichtig, die Fähigkeit zu trainieren, behaglich im Bett zu liegen, wie über die Epoche der Aufklärung Bescheid zu wissen oder die Leitartikel in der Tageszeitung zu lesen. Vor sich hinzudösen tut dem Menschen gut, vor allem, wenn er die Schuhe ausgezogen hat. Man sollte eigentlich im Bett Musik hören. Wozu sind außerdem Sessel gut, wenn nicht zum Entspannen?

Vielleicht sollte es mehr Menschen geben, die bei einem guten Freund zu Hause die Beine auf den Tisch legen können. So etwas ist ein Zeichen von Vertraulichkeit und nicht von mangelndem Respekt. Lin Yutang zog für gewöhnlich eine Schreibtischschublade heraus, um die Beine in eine waagerechte Position zu bringen. Jeder sollte für sich selbst herausfinden, wie es ihm am bequemsten ist. Ich für mein Teil bevorzuge feste Kisten im Kreuz, die Beine etwas höher auf eine Tischplatte gelagert.

Aus dem fernen sechzehnten Jahrhundert erinnert uns Michel de Montaigne an die Philosophie des Körpers:

Wenn ich mich im Liegen oder Sitzen ausruhe, liebe ich es, die Beine ebenso hoch, ja noch höher zu legen als den Hintern ... Ich entsinne mich nicht, jemals die Krätze gehabt zu haben, wo doch Kratzen eine der wonnigsten Wohltaten der Natur ist und jederzeit zur Hand! ... Am meisten kratze ich mir die Ohren, die mich von Zeit zu Zeit inwendig jucken.

Er fährt fort:

Wenn ich tanze, tanze ich; wenn ich schlafe, schlafe ich: und auch, wenn meine Gedanken, auf einem einsamen Spazier-

gang in einem schönen Garten, sich eine Zeitlang mit Dingen beschäftigen, die damit nichts zu tun haben, führe ich sie dann wieder zu meinem Spaziergang zurück, zu dem Garten, zu dem Genuß dieser Einsamkeit und damit zu mir selbst.[23]

Montaigne berichtet auch, daß Sokrates in hohem Alter tanzen und musizieren lernte, mit Kindern spielte und Schaukelpferd ritt. Und ich dachte: Lese ich richtig? Sokrates und Schaukelpferd – eine kaum glaubliche Wortkombination.

Lob des Müßiggangs

Zurück zu Lin Yutang. Weitab der westlichen bürgerlichen Auffassung von Kultur sagt er:

Geisteskultur, wie ich sie verstehe, ist ihrem Wesen nach eine Frucht der Muße. Aus diesem Grunde besteht die Kunst des gesitteten Lebens wesentlich aus einer Kunst des Müßiggangs. Nach chinesischer Auffassung ist der am kultiviertesten, der auf die klügste und überlegenste Weise müßigzugehen versteht.

Es besteht ein Gegensatz zwischen Hektik und Weisheit. Wer weise ist, kann kaum als gehetzt bezeichnet werden, und die allzu Gehetzten sind kaum weise. Der Weiseste ist deshalb derjenige, der die Kunst des Faulenzens am besten beherrscht. Yutang zeigt eine leise, aber stolze Verachtung für das, was die Welt Erfolg nennt. Die Kultivierung des Nichtstuns war in China verbunden mit innerer Ruhe, einem Gefühl der Unbekümmertheit und einem intensiven Einfühlen in Natur und Freundschaft.

Ist das Leben wirklich wert, so bitterernst genommen zu werden? fragt sich Yutang. Er hat natürlich nichts dagegen, daß Dinge erledigt werden, auch wenn er mitunter eine auffallend elitäre Haltung an den Tag legt. Ohne Tatkraft würde die Menschheit untergehen. Das Problem ist, daß die Lust, sich zu betätigen, in der westlichen Welt überhand nimmt und den Menschen nicht genug freie Zeit läßt, sich auszuruhen. Der falsche Glaube, ihr Bemühen, etwas perfekt auszuführen, bewirke, daß sie selbst auch perfekt würden, macht die Nerven kaputt. Diese Konzentration auf das Tun beinhaltet, daß man dem Handeln ein größeres Gewicht beimißt als dem Leben, wovor schon Montaigne in drastischen Worten gewarnt hat:

Ich hasse einen mißmutigen und mürrischen Geist, der über die Freuden des Lebens hinwegschleicht und lieber auf dessen Widerwärtigkeiten verweilt, um sich daran zu weiden: wie die Schmeißfliegen, die auf einem glatten und glänzenden Gegenstand keinen Halt finden und sich statt dessen auf rauhen und rissigen Stellen niederlassen und festsetzen; oder wie die Schröpfköpfe, die nur das schlechte Blut in sich saugen.[24]

Bei der Jagd danach, in ihrem Leben etwas Großes zustande zu bringen, verlieren viele die Fähigkeit, das Selbstverständliche zu genießen. Das gierige Verlangen nach Handlung bei den westlichen Menschen – die dadurch versuchen, Selbstachtung zu erlangen und sich die Bewunderung der jüngeren Generation zu erzwingen – macht sie in den Augen von Lin Yutang nur lächerlich.

Daß es ihnen an der Fähigkeit mangelt, es ruhig angehen zu lassen, ist bei Menschen in den mittleren Lebensjahren schon traurig genug, aber im Alter ist es ein Verbrechen gegen die Natur, meint er. Das Wort Charakter wird oft in

Verbindung mit etwas Altem genannt; er braucht Zeit, um sich zu entwickeln, genauso wie die schönen Gesichtszüge einer alten Frau. Warum lieben die Menschen der westlichen Welt alte Kathedralen, alte Möbel, altes Silber, alte Bücher und alte Kupferstiche, ignorieren aber die Schönheit alter Menschen? Mit dem persönlichen Charakter verhält es sich wie mit dem des Weines, er tritt erst zutage, wenn man ihm die Ruhe und die Zeit gibt, die er braucht.

Die Einsicht in die Vergänglichkeit des Lebens gehört zu den Voraussetzungen des Glücks. Der Schatten von Wehmut, der über dem Leben des Menschen liegt, ist nicht dasselbe wie Furcht. Im Gegenteil. *Memento mori,* das Bewußtsein darüber, daß der Mensch eines Tages zu Staub wird, macht einen Teil der menschlichen Reifung aus. Die Einsicht in die Vergänglichkeit des Lebens schafft Proportionen. Wahren Frieden findet erst, wer sich an den Gedanken des Todes gewöhnt hat.

Angesichts des Alters heißt es, frühere Visionen über sein Selbstbild loszulassen, Abschied zu nehmen von alten Vorstellungen über die eigene Wichtigkeit. Sich in der zweiten Lebenshälfte in vergangenen Idealbildern seiner selbst zu spiegeln – jung, attraktiv, stark, erfolgreich usw. – ist verheerend. Wer gezwungen ist einzusehen, daß ein Großteil des Lebens faktisch vorbei ist, fühlt sich vielleicht mutlos oder stürzt sich verzweifelt in neue Beziehungen. Manche Frauen werden zu Übermüttern; weit fortgeschritten im Leben können sie nicht von ihrem Selbstbild lassen, jemand zu sein, der von allen gebraucht wird. Manche Männer wetteifern mit Jugendlichen darum, wer sich besser in deren Musik auskennt, oder sie eignen sich einen peinlichen Jugendslang an. Wieder einmal kann es nicht schaden, die Bibel zu lesen: »Ein jegliches hat seine Zeit, und alles Vornehmen unter dem Himmel hat seine Stunde.« (Prediger 3,1)

Die Notwendigkeit,
nicht mit der Zeit zu gehen

Kehren wir zurück zur Gegenwart. Eines Nachts wandern die Gedanken im Kreis. Aber sich im Bett herumzuwälzen vergrößert nur die Unruhe. Deshalb gehorche ich dem alten Rat: Steh auf! Im Haus ist alles still. Über dem trügerischen Charme des Vorgartens liegt pechschwarze Nacht. Ein Butterbrot auf dem Küchentisch. Draußen fällt Regen. Ich gehe die Reihen der Bücher entlang und höre leise Unterhaltungen, wenn ich das Ohr an die Buchrücken lege. Aufs Geratewohl ziehe ich Harry Martinsons *Der Weg nach Glockenreich* heraus, blättere ein bißchen darin und lasse mich, im Lesesessel versunken, auf die Wanderungen des Landstreichers Bolle mitnehmen. Gegen fünf Uhr morgens höre ich auf, erschöpft vom Schlafmangel – aber welch ein Buch, welche Sprache, welche Einsichten in das Schweden der Nachkriegszeit! Ein angestaubtes, vergilbtes Taschenbuch.

Mehrere Monate lang gehe ich systematisch auf Entdeckungsreisen durch die hintersten Winkel des Bücherregals. Bewußt suche ich Bücher heraus, die ich einst gelesen habe und von denen ich seit langem ahnte, daß sie viel mehr zu geben haben. Absichtlich ignoriere ich eine Zeitlang die Pflichten, die faktisch ignoriert werden können. Stundenlang sitze ich mit großen Augen über Texten, von denen ich dachte, sie zu kennen, entdecke neue Inhalte, wo mein Gymnasiastenauge seinerzeit nur Detektivgeschichten oder Liebensromanzen sah. Fasziniert bewundere ich die Sprachführung bei John Steinbeck, Stig Dagerman, Pär Lagerkvist, Selma Lagerlöf und Hermann Hesse.

Und ich frage mich, wohin ist das eigenwillige Lesen entschwunden? Wo trifft man Leute, die einen obskuren Philosophen oder Reiseschilderungen aus fernen Jahrzehnten gefunden haben? Wahrscheinlich ist es notwendiger denn je, nicht mit der Zeit zu gehen. Wir brauchen mehr Menschen, die sich dagegenstemmen und sich weigern, im Gleichschritt zu gehen. Wo sind all die menschlichen Originale hin, diejenigen, die das Unpassende sagen, ohne darauf zu schielen, was das kulturelle, politische oder geistliche Establishment dazu meint? Menschliche Integrität muß eher mit dem Ideal des Vagabunden als dem des disziplinierten Soldaten verknüpft werden. Nur wer seinen Trotz trainiert, entgeht dem Verschwinden in der Masse. Oder anders ausgedrückt: *Nur wer gegen den Strom schwimmt, kommt an die Quelle.* Der Mensch sollte sich öfter mal weigern, im Meer der Masse zu versinken, gehorsam und organisiert. Institutionalisierung und Organisation ist in gewissem Sinne eine soziale Notwendigkeit – sonst würde eine Gesellschaft nicht überleben –, aber Konsumismus und Kollektivismus können zur Gleichrichtung der Persönlichkeiten beitragen. Intellektualität ist oft anarchistisch, widersetzlich und prophetisch. Eine solche Lebenshaltung ist nicht gleichbedeutend mit Egoismus oder Verantwortungsloigkeit; sie ist im Gegenteil eine Voraussetzung für echten sozialen Gewinn.

Aber in unserer Zeit macht sich die entgegengesetzte Tendenz bemerkbar. Statt eigensinnigen und originalen Persönlichkeiten voller Unberechenbarkeit und ausgeprägter Integrität nimmt anscheinend die Zahl uniformer Individuen zu, solcher, die am kommerziellen oder massenmedialen Gängelband gehen und gerne in der Schlange stehen. Individualismus mag sicherlich in manchen Segmenten der Gesellschaft deutlich werden, doch gleichzeitig ist eine globale Gleichrichtung im Begriff, alle menschlichen Unterschiede einzuebnen. Die Harmonisierung der Kultur, der Denkweisen und der Geschmacksrichtungen – »die zunehmende McDonaldisierung des Daseins« – ist offenkundig. Manchmal wird von einer neurotischen oder narzißtischen Kultur gesprochen. Der Psychoanalytiker Christopher Bollas hat den Begriff der »normotischen Person« geprägt, einer Person, die immer und auf zwanghafte Weise danach strebt, so normal wie möglich zu sein.[25] Vielleicht leben wir in einer quälend normotischen Kultur.[26]

In der geistlichen Sphäre wurde lange mit der heiligen Birgitta gebetet: »Zeige mir, Herr, *deinen* Weg und gib mir den Willen, ihn zu gehen.« Das Gebet handelt davon, daß es für jeden Menschen einen eigenen Weg gibt, den zu gehen nur *ihm allein* bestimmt ist. Diesen Weg findet er nur, wenn er ernsthaft versucht, sich zu unterscheiden.

Stefan Andhé unterstreicht die Wichtigkeit, sich sowohl das Dasein angenehm zu machen, als auch seinen Trotz zu trainieren:

Ich habe dir nur zwei Ratschläge zu geben: Halte deine Schuhe blank! Das ist eine ausgezeichnete Regel, denn wenn es dunkel wird über deinem Lebensweg, und das wird es leider in regelmäßigen Abständen, kann man sich in der Dunkelheit über seine eigenen schimmernden Schuhspitzen freuen. Womöglich erhellt er das Dunkel ein bißchen, der Schimmer. Wenn man mit einfachen Mitteln ein wenig Glanz ins Dasein bringen kann, soll man zusehen, daß man es tut.

Rat Nummer zwei ist: Vermeide es, mit der Zeit zu gehen … Was in erster Linie gebraucht wird, ist nicht Folgsamkeit, sondern Nachdenken, ein kritisches Auge, das die Wahrheit sucht, eine klare Stimme, die sie auszusprechen wagt, insbesondere, wenn sie unbequem ist. Wichtiger als seine Muskeln zu trainieren ist es, seinen Trotz zu trainieren. Wenn wir aufhören, trotzig zu sein, enden wir in der gehorsamen Gleichgültigkeit, die alles vernichtet.[27]

Mehr als je zuvor muß der Mensch seinen Widerstand pflegen. Man wird nicht reifer, nur weil man »mitgeht« – verführerisches Wort – oder ängstlich verfolgt, welche Trends gerade aktuell sind. Inwiefern ist es wichtig, daß man per Internet jede Sekunde den Krieg in Afrika oder den Kursverlauf an der Börse verfolgen kann? Trägt nicht die aufgezwungene Zugänglichkeit dazu bei, daß der Lärm der Welt ständig und völlig unnötig in das schmale Aufmerksamkeitsfeld des Menschen eindringt?

Aber zurück zur schlaflosen Nacht! Als ich später in einem Rutsch einen Roman Hjalmar Söderbergs durchlas, zeigte sich mir ein ganz anderes Buch darin als jenes, das ich in jungen Jahren gelesen hatte. Ich entdeckte ganz andere Seiten an Ellen Key, als ich August Strindbergs *Schwarze Fahnen* innerhalb von ein paar Stunden im Zug durchlas: der Zug, dieser gesegnete, paradoxerweise vorwärtseilende Raum zum Nachdenken. Nein, ich wünsche es niemandem, nachts nicht schlafen zu können. Aber gerade diese Nacht wurde zu einer Erinnerung daran, daß die kahle Oberfläche des Jetzt gewiß nicht alles ist.

Die Pflicht, Amateur zu bleiben

Der Orientalist Edward Said erweitert den Begriff, indem er von der Verantwortung des Intellektuellen spricht.[28] Auch er hat daran erinnert, daß Outsider oder Amateure notwendig sind. Ein Amateur ist auf eine ganz andere Art eine Bedrohung für das Etablierte als der berechnende, auf Originalität bedachte Kultursnob – der nur pathetisch ist.

Said hebt die Menschen hervor, die Trends ignorieren, einsame Wölfe sind, sich in ungewöhnliche Einsichten vertiefen und sich danach trauen, dazu zu stehen. Es muß, meint er, Personen geben, die Vereinfachungen aufbrechen und die institutionalisierte Selbstbezogenheit der kulturellen, religiösen, akademischen und politischen Eliten stören.

In der öffentlichen Arena sollte es Platz für weit mehr Menschen geben, deren Auftreten sich nicht vorhersagen oder unter eine ausgegebene Parole stellen läßt, nicht an ein festes kirchliches Dogma oder eine parteipolitische Linie geknüpft ist. Aber oft stellen Personen, die weder Ämter zu verteidigen noch Territorien zu bewachen haben, eine Bedrohung dar. Wirklich original sind jene, die ihre Freude darin finden, eine Kunst auszuüben, eine Wissenschaft zu betreiben oder sich mit metaphysischen Spekulationen zu beschäftigen, kurz gesagt, deren Besitz aus immateriellen Gütern besteht und die deshalb mit Fug und Recht sagen können: »Mein Königreich ist nicht von dieser Welt.«

Edward Said behauptet, daß die meisten der heutigen Intellektuellen abgedankt und ihre moralische Autorität den organisierten Kollektivbewegungen überlassen haben. Aber es muß noch andere geben, die durchaus nicht versuchen, ihr Publikum bei guter Laune zu halten. Der Punkt ist, daß mehr Leute peinlich unangepaßt und manchmal unangenehm sein müßten. Harmonisierungen gibt es schon genug. Es sollten mehr Leute nicht bei jeder Gelegenheit als Friedensvermittler und Brückenbauer auftreten, sondern eher versuchen, Unterschiede herauszufinden. Mit kritischem Verstand sollten wir einfachen Formeln oder fertigen Klischees aus dem Wege gehen.

Die besondere Gefahr für heutige Intellektuelle liegt in der Spezialisierung – daß sie sich, wie die Wissenschaftler unserer Zeit, ein schmales Gebiet suchen, auf dem sie alles können. Sie sind in ihrem Forschungsfeld eingekapselt. Es gibt einen Bedarf an *reflektierendem Dilettantismus*. Etwas neutraler formuliert könnten wir es eine interdisziplinäre Neugier nennen.

Manche behaupten, daß man seinen Platz kennen und Experte auf einem begrenzten Gebiet sein sollte; aber Spitzenforschung in allen Ehren, wichtiger für die Charakterbildung – dieses nostalgische Wort aus fernen Jahrhunderten – ist der gute Amateurismus, die Liebe zu und der unstillbare Durst nach dem größeren Zusammenhang, die Fähigkeit, Verbindungen über Grenzen und Hindernisse hinweg zu ziehen, sich nicht auf ein Spezialgebiet festlegen zu lassen, verbindende Ideen und überlegte Stellungnahmen zu verteidigen. Vielleicht zeugt das Interesse unserer Zeit für persönliche Kolumnen, Reflexionen und Essays von einem Bedürfnis, einen Menschen kennenzulernen, der sich Gedanken macht, jemandem zu begegnen, der das Dasein zu einem Ganzen zu fügen versucht? Es gibt eine andere Karriere: die, seine eigenen Einsichten zu vertiefen.

3 | Ein Streifen Unruhe

Von der Furcht vor der Langsamkeit

Er las und dachte. Er suchte in den Büchern und in sei-nen eigenen Gedanken das, was man so oft in der Ju-gend sucht, um im Alter zu vergessen, daß man sich je darum gekümmert hat: einen Glauben, um davon zu leben, einen Stern, um danach zu steuern, einen Zu-sammenhang in den Dingen, einen Sinn und ein Ziel.
Hjalmar Söderberg, *Martin Bircks Jugend*

Die quälende Langsamkeit

Die Schnecke kriecht den Steig entlang. Die Katze liegt zusammengerollt in der Sonne. Dösend stehen die Pferde unbeweglich auf der Koppel – stundenlang. Die Augen der Kühe werden zu Brunnen der Weisheit, wenn der Blättermagen seinen Inhalt hochschickt. Wiederkäuend blicken sie unter halbgeschlossenen Lidern auf ihre Umwelt. Die langsamen Bewegungen der Natur, kaum wahrnehmbar.

Das hört sich natürlich idyllisch an, und es ist verlockend die Langsamkeit zu verklären oder zu glauben, daß alle danach trachten. Doch dazu sollten wir uns nicht verleiten lassen. Wenn wir über die verschiedenen Schichten der Langsamkeit sprechen, muß das Geglättete angekratzt, die Kehrseite genauer betrachtet werden. Es gibt allzu viele Menschen, für die Stille eine Folter ist, manchmal buchstäblich bis auf den Tod. Einsam sitzt ein Mann auf einer Parkbank, er hat viel Zeit auf dem Weg zur Gemeindebibliothek, das Telefon zu Hause bleibt stumm. »Sie haben so viel um die Ohren, sind so gestreßt. Ich will ihnen nicht zur Last fallen«, sagt eine Mutter über ihre erwachsenen Kinder, wenn sie mit ihrer Bekannten spricht. Aber sie ist enttäuscht, daß sie nicht öfter anrufen. In keinem Land auf der Erde gibt es so viele Einpersonenhaushalte wie in Schweden. Manche sagen zwar, daß sie ihr Alleinsein genießen. Aber ist es wirklich so einfach?

Viele Leute empfinden das Thema Langsamkeit und Besinnlichkeit als reinen Hohn. Sie hassen das Alleinsein und würden wer weiß was dafür geben, ein bißchen weniger Zeit zu haben, mal von jemandem angerufen zu werden. Für den Arbeitslosen oder für den, der sich in seinem ereignisarmen Leben zu Tode langweilt, droht das ständige Gerede vom Abgehetzt- und Ausgebranntsein in reinen Zynismus umzuschlagen. Ein Mann, der während eines ganzen Tages nicht mehr sagt als »danke«, wenn er an der Supermarktkasse sein Wechselgeld in Empfang nimmt, findet vermutlich, daß das Wort Langsamkeit bitter klingt. Für ihn hat das Wort eine andere Bedeutung als für die gestreßte Kleinkindmutter, die über ihren Zeitmangel klagt. Der Mann würde alles darum geben, wenn jemand anriefe, wenn etwas passieren würde. Er hat nicht zuwenig, sondern zuviel Zeit. Er ist ruhelos, weil *nichts passiert*. Der nicht vorhandene Zeitdruck ist genauso belastend wie der vorhandene. Das schwerste ist für ihn der leere Kalender, das stumme Telefon. In der sich hinziehenden Eintönigkeit der Tage wird die Langsamkeit vernichtend. Was denkt er, wenn er das ständige Gejammer gestreßter Menschen hört, wie dringend sie kürzertreten müßten?

Es besteht die Gefahr, daß der Großstadtmensch seine eigene Rastlosigkeit auf alle anderen projiziert. Der Gehetzte glaubt, alle hätten es eilig; das hektische Leben wird auf die ganze Bevölkerung bezogen. Es gibt ein schiefes Bild, wenn der Maßstab nur von denen angelegt wird, die sich zwischen Haushalt, Kinderbetreuung, Job und Freizeit zerreißen und abends um elf vor Erschöpfung ins Bett fallen; alles ist zu schnell gegangen, man hat keine Zeit für sich selbst und erst recht nicht für einen anderen.

Es gibt eine Erschöpfung, die man selbst absolut nicht beeinflussen kann. Ein Loblied auf die Langsamkeit für den zu singen, der wirklich keine Minute Zeit übrig hat, hieße nur Salz in die Wunde streuen. Es wäre wie Hohn. Wer hat denn schon die Möglichkeit, freiwillig eine Auszeit zu nehmen, wenn die Arbeitssituation unerträglich geworden ist, wenn die Kinder auf ihr Essen warten und man gleichzeitig Angst vor der Zukunft oder Probleme mit seinem Lebenspartner hat?

Für viele sind Krankheiten zur letzten Zuflucht geworden. Die Signale des Körpers geben dem modernen Menschen einen gesellschaftlich akzeptierten Grund auszusteigen. Die *Symptome* sprechen eine Sprache, die Aufmerksamkeit verlangt. Rückenschmerzen, Kopfweh, Schlaflosigkeit sind die Art des Körpers, zu schreien: »Es geht zu schnell, es ist zu viel, du mußt langsamer treten!« Sich krankschreiben zu lassen ist immer noch weniger beschämend, als zu sagen, daß man nicht mehr kann.

Der ausgelaugte Mensch sehnt sich zum Schluß nach einer *Diagnose,* damit er sich auf etwas »Objektives« stützen kann, das Recht zum Loslassen hat. Die Diagnosen wiederum werden vom Zeitgeist geprägt. Sie stehen in mehr oder weniger hohem Kurs. Früher einmal war es Bleichsucht oder Neurasthenie. Vor ein paar Jahren ging es um Amalgamvergiftung, Elektrosmog-Allergie oder die sogenannte Yuppiekrankheit. Die Symptome waren extreme Müdigkeit, Muskelschmerzen, Gliederschmerzen oder Depressionen. Später entwickelte sich dafür der Begriff »Chronisches Erschöpfungssyndrom«, eine Reaktion auf eine allzu kräftezehrende Lebenssituation. Im anbrechenden einundzwanzigsten Jahrhundert hat sich das Ausgebranntsein in eine Erschöpfungsdepression verwandelt. Allen gemeinsam ist, daß sich das Gefühl von existentieller Unsicherheit, Unruhe und zu hoher Belastung in körperlichen Symptomen niederschlägt. Was sich durch den Körper ausdrückt, genießt Respekt. Psychologische Diagnosen wie Angst oder Depression haben immer noch einen niedrigen Status. Aber warum werden Rückenleiden eher akzeptiert als Seelenleiden?

Das Problem der Medikation besteht darin, daß sie die Aufdeckung anderer, komplexerer Ursachenzusammenhänge verhindert. Es hat etwas Verlockendes, sich mit der medizinischen Benennung eines Problems zufriedenzugeben. Man hat einen Begriff, der Exaktheit suggeriert, und braucht keine Fragen zu stellen, auf die es keine einfachen Antworten gibt. Die medizinische Interpretation behält ihren Vorrang, aber sie sollte komplettiert werden durch eine psychologische, soziale und politische Diagnose. Strukturelle Probleme werden durch die biologische Sprache unsichtbar.

Entspannung beruht darauf, daß man etwas hat, von dem man sich erholen kann, und nicht auf einem durchgängigen Zustand. Das Wort von der Ruhe ist deshalb ein zweischneidiges Schwert; es läuft Gefahr, einen neuen Moralismus zu erzeugen. Bücher mit guten Ratschlägen, wie man sich am besten entspannt, machen alles nur noch schwerer. Sie liegen auf dem Nachttisch wie irritierende Denkzettel, die an die eigene Unfähigkeit erinnern; man ist ja selbst schuld. Flotte Bestseller vom Typ *Glücklich werden in fünf Schritten* verursachen Schuldgefühle nach dem Motto: Es ist dein eigener Fehler, wenn du dich hetzen läßt.

Offenbar haben immer mehr Leute das Gefühl, daß ihr Leben durch zu viele und zu widersprüchliche Anforderungen zerrissen wird. Sie sind zu Hause, müßten aber eigentlich am Arbeitsplatz sein, sie sitzen in der Elternsprechstunde des einen Kindes, müßten aber eigentlich auch beim Fußballspiel des anderen Kindes zuschauen, lesen die Tageszeitung, sollten aber eigentlich Hermann Hesse lesen. Sie sehen sich eine Talkshow im Fernsehen an und sollten doch eigentlich in einer Theatervorstellung sitzen.

Aber allein dem Individuum die Schuld für seine Erschöpfung zu geben, ist geradezu vernichtend, besonders in Zeiten, in denen immer mehr Aufgaben in immer kürzerer Zeit von immer weniger Menschen erledigt werden müssen. Den Streß zu individualisieren liegt im Interesse derer, die ihren Profit daraus ziehen. Strukturelle Ursachen zu beseitigen ist im Moment teurer, aber langfristig billiger für die Gesellschaft. Gerade deshalb ist es wichtig, daß die Kultur der Langsamkeit nicht banalisiert oder zur Aufgabe des einzelnen reduziert wird. Gefordert sind auch Politik und Gesellschaft.

Sein Leben durch andere leben

Das Lobpreisen der Langsamkeit ist auch noch aus anderen Gründen eine zweischneidige Sache. Das Gerede vom Gehetztsein kann zu einer rhetorischen Markierung werden – man gehört zu denen, die gefragt sind. In Wirklichkeit liebt man das Tempo und die Hektik in seinem Leben. Es ist ganz einfach faszinierend, vielbeschäftigt zu sein, zu reisen, von einer Aufgabe zur nächsten zu hetzen und dabei zu versuchen, Kinder, Beruf, Freunde, Gesundheit, Kultur und gutes Essen unter einen Hut zu bringen. Es hat seinen Reiz, schnell zu leben, es kann genußvoll sein, hart zu arbeiten, um anschließend zu entspannen. Auch bei dem, der ein hektisches Leben führt, gibt es kurze Momente der Besinnung, gibt es Minuten der Ruhe – alles, um sich selbst zu überholen. Aber wann gelingt es, kürzerzutreten, wann gelingt es, Eindrücke zu vertiefen, wenn auch die Freizeit mit Aktivitäten vollgepackt ist? Wann schlägt die Begeisterung über Schnelligkeit und Effektivität in ein Unvermögen um, im Jetzt ganz präsent zu sein?

Was passiert, wenn man die Fähigkeit verloren hat, inne-
zuhalten, wenn die Rastlosigkeit Teil des eigenen Lebens geworden ist? Was für ein Leben führt man, wenn das Wort
Wohlgefühl im großen und ganzen nur noch eine Erinnerung
ist, auf die man zurückblickt (»früher hatten wir Zeit, wir
haben zusammen gegessen, etwas unternommen und viel gelacht«), oder eine Hoffnung, die man für die Zukunft hat
(»wenn wir erst mehr Freizeit haben, wenn wir Urlaub bekommen oder in Rente gehen, das wird schön«)? Worte wie
»gemütlich, schön, sich wohl fühlen« sind entweder in die
Vergangenheit oder in die Zukunft verschoben.

Um den Mangel an einem erfüllten Leben zu kompensieren, »lebt« man durch andere. Das von den Massenmedien
geschmiedete Komplott bietet eine Flucht vor der Hetze des
Alltags an. Bequem im Sessel sitzend, verfolgt man die Intri-
gen in den Seifenopern. Deren Hauptfiguren kennt man
besser als seine eigenen Freunde. Zeitungen berichten groß-
angelegt über Pseudoereignisse in Pseudowelten: »Robinson
Adam hat sich in Robinson Eva verknallt.« Diese Welten
schaffen zwar Gesprächsthemen am Arbeitsplatz und im
Freundeskreis. Aber es bleiben erfundene oder indirekte
Wirklichkeiten – weit entfernt von den Schwierigkeiten und
dem Reichtum echter Gemeinschaften. Freunde und Bekannte kann man nicht einfach nur im Fernsehen betrachten. In ihre Welt wird man einbezogen.

Wieso steigt der Video- und Fernsehkonsum? Vielleicht
ist das am Ende das einzige soziale Leben, mit dem wir zu-
rechtkommen. Der Alltag wird unsichtbar. Während alte
Freunde sehnsüchtig darauf warten, daß wir uns melden,
verschanzen wir uns hinter den künstlichen Lebenswelten
des Fernsehens. Vielleicht identifizieren wir uns mit den Se-
rienfiguren, denen es gutgeht oder demnächst gutgehen
wird. Video, Fernsehen und Kino bieten sich für eine Flucht

vor der Wirklichkeit an. Man lebt intensiver, indem man Augenzeuge der erfunden Krisen und Glücksmomente anderer wird, weil man sein eigenes Leben nicht leben will oder leben kann.

Die Angst, sich selbst zu begegnen

Manche bekommen einen unsteten Blick, wenn jemand anfängt, über die Wichtigkeit von Einsamkeit oder Besinnlichkeit zu reden. Auf der einen Seite klagen sie darüber, daß sie nicht mehr zu sich selbst finden. Auf der anderen Seite sorgen sie dafür, daß sie nie allein mit sich sind. Mancher will etwas, was er absolut nicht will. Man möchte sich selbst begegnen, hat aber eine Todesangst vor dem Schweigen. Intimität ist bedrohlich.

Die Stille hat auch noch eine dunklere Komponente. Bei vielen gibt es eine dumpfe Ambivalenz, eine Furcht und gleichzeitig eine Sehnsucht, sich selbst zu begegnen. Was passiert, wenn man endlich Zeit für sich hat? Sicherlich gibt es das Glück des Aufatmens: Endlich kann man sich Ruhe gönnen, man schläft lange und fühlt sich frisch. Andere ziehen feste Schuhe an und gehen in den Wald, hören dem Gesang der Vögel zu, joggen eine Runde oder werfen die Angel aus.

Aber über eine längere Zeit allein zu sein ist nicht ganz einfach. Schnell genug melden sich beunruhigende Gedanken. Sie wirbeln im Kopf herum. Wenn die Zeit allzu lang wird, kann man den abgründigen Fragen des Lebens nicht mehr ausweichen. Schwarze Vögel brüten Gedanken über die Nichtigkeit des Lebens aus. Im Innersten denkt man: »Ich halte das nicht aus. Ich muß unter Leute, muß den Fernseher anmachen. Ich rufe einen Freund an. Ich setze

Himmel und Hölle in Bewegung, um mir selbst nicht begegnen zu müssen.« Die klassischen spirituellen Ratschläge gehen jedoch genau in diese Richtung: innehalten, sich mit sich selbst auseinandersetzen. »Hic locus sanctus est« (dieser Ort ist heilig), heißt es bei vielen Mystikern. Es geht darum, es mit sich selbst auszuhalten, anstatt vor sich wegzulaufen. Auch wenn es schwerfallen mag, ist es doch der Punkt, an dem die Reifung ihren Anfang nimmt. Niemand kann vor sich selbst weglaufen. Aber natürlich kann diese Begegnung mit sich selbst auch in Gesellschaft anderer Menschen erfolgen, sei es bei einer Andacht oder in vielen anderen Zusammenhängen.

Wenn jemand, aus welchen Gründen auch immer, zur inneren Einkehr gezwungen wird, werden »die inneren Mauern« zum Einsturz gebracht. Verdrängte Gedanken kommen zum Vorschein. Fragen über den Sinn des Lebens, den Tod, das Leiden und seine Bedeutung kreisen im Kopf. Zum Schluß kann man seiner eigenen geistigen Verirrtheit nicht mehr entkommen. Die alten Seelsorger waren sich einig; man kann nicht vor sich selbst fliehen. Krankheit und Leiden sorgen dafür, daß man »auf sich selbst zurückgeworfen wird«. Deshalb schwingt beim Thema Langsamkeit ein Unterton in Moll mit.

Wir sind bisher wie die Katze um den heißen Brei herumgeschlichen. Wir haben über die Zwiespältigkeit von Stille und Schweigen gesprochen; wir haben die Bedingungen des Langsamerwerdens berührt. Wir werden kurz auf den Inhalt der Stille eingehen, den schwierigen Fragen ins Gesicht sehen. Dieses Thema wird in Kapitel fünf vertieft.

Eine der klassischen Antworten auf die Frage, warum die Stille den Menschen so beunruhigt, ist, daß er sich dann *den großen Fragen des Lebens nicht entziehen kann*, den Fragen, von denen er ahnt, daß sie auftauchen werden, die er aber

normalerweise verdrängt. Sie berühren den unerbittlichen
Lauf der Zeit, den Tod, das Leiden, das Böse, die kosmische
Einsamkeit und Gott. Blaise Pascal sprach schon im sieb-
zehnten Jahrhundert von der zentrifugalen Tendenz des
Menschen. Der Mensch tut beinahe alles, um sich nicht mit
seinem Inneren auseinandersetzen zu müssen. Er stürzt sich
in hektische Aktivitäten – alles nur, um der bitteren Erkenntnis über seinen eigenen unbedeutenden Platz im Dasein zu entgehen. Zu entdecken und ernsthaft einzusehen,
daß das eigene Leben nur ein Tropfen im Ozean der Zeit ist,
ist wahrlich nicht angenehm.

*Wenn wir unsere existentielle Lage betrachten, sind es nur
wenige aufmunternde Fakten, die uns begegnen ... Wir werden geboren und sterben »auf der schmalen Landzunge der
Zeit« in einem unfaßbaren Zeitmeer ...*

schreibt Johan Cullberg.[29] Er meint, daß ein anderer Teil von
uns das Zentrum der Welt ist, dort kennen wir unser abso-
lutes Gewicht und verteidigen unsere Existenz. Deshalb werden wir immer in einem unmöglichen existentiellen Zwie-
spalt leben – dem, daß wir einerseits nur ein Staubkorn und
andererseits dessen unendlich wichtiges Zentrum sind.

Um Mißverständnissen vorzubeugen, möchte ich noch
einmal unterstreichen, daß äußere Faktoren natürlich zum
Gehetztsein beitragen. Streß hat jedoch nicht *nur* mit einer
allzu großen Arbeitsbelastung zu tun. Eine übersehene Quelle der großen Geschwindigkeit und der konstanten Beschleunigung ist ein unangenehmer Gedanke: das Gefühl,
daß das Leben eigentlich über einem Bodensatz der Vergeb-
lichkeit balanciert. Viele Menschen haben das Empfinden,
sich jeden Tag wieder aufraffen zu müssen, obwohl sie *eigentlich* nicht mehr können. Nach außen hin muß man fröh-

lich sein – aber im Innersten fühlt man sich ohnmächtig.
Die Einsicht in den Lauf der Zeit, die Unausweichlichkeit
des Alters und daß man selbst bald vom Erdboden verschwunden sein wird, ist manchmal unerträglich. Das mag
vielleicht nicht für die expansive Zeit der Jugend gelten.
Aber dafür kann die Wehmut um so stärker sein, wenn man
seine Kinder groß werden sieht oder urplötzlich begreift, daß
man selbst weder länger jung noch mittelalt ist, sondern
»älter«.

Ausgebranntsein und Erschöpfungsdepressionen haben
natürlich etwas mit der Arbeitssituation zu tun, aber gleichzeitig kann die Arbeit auch ein Schutzschirm sein. Ist das
Privatleben ungeordnet, was sich unter anderem durch eine
nicht abgeschlossene Trennung und ein ständiges Schuldge-
fühl gegenüber Kind und Lebenspartner ausdrücken kann,
liegt es nahe, seine Unruhe auf die Arbeit zu projizieren. Die
Sorge darüber, ob man den Kindern geschadet hat, kann sich
in Zorn über die hohe Arbeitsbelastung verwandeln. Unzufriedenheit oder Rastlosigkeit ist mitunter ein Wink, den die
Psyche einem gibt. Der existentiellen Leere – die furchtein-
flößend wäre, würde man ihr ins Auge sehen – läßt sich
leichter ausweichen, wenn man sich statt dessen in Arbeit
begräbt oder Streß vorschützt.

Vielleicht kann man die Lebensfragen unter einer Rollen-
perspektive betrachten. Der Mensch lebt ständig verschiedene Rollen und folgt bestimmten sozialen Mustern. Aber
welche Rolle verkörpert die innerste Identität, die, zu der jemand immer wieder zurückkehrt und von der aus er all seine anderen Aktivitäten beurteilt? An der Rolle als »Mama«
ist das Kind beteiligt; durch die Mutterschaft wird eine Frau
von ihren Kindern bestätigt oder in Frage gestellt. Zur Rolle als »Lehrer« gehören Schüler oder Studenten. Die Berufs-
ausübung setzt einen in Relation zu anderen. Die berufliche

Rolle hat oft eine zentrale Funktion im Leben des Menschen. Dadurch, daß er darüber redet, schafft er Erwartungen in bezug auf seine eigene Person; durch sie weiß er, wer er ist.

Neben allen anderen Rollen gibt es auch eine persönliche oder geistige »Rolle«, die man nur für sich selbst spielt, die man innehat, wenn man allein ist, die nötig ist, um in Dialog mit anderen und mit dem Dasein als Ganzes treten zu können. Viele ängstigt diese innerste Rolle. Dort, im Zentrum des Menschen, liegen oft die unbeantworteten Fragen, die existentiellen Überlegungen. Aber dort ist auch die »Rolle«, in die man schlüpft, um in eine Beziehung zum geistigen Zentrum des Daseins zu treten; das, was der Fromme Gott nennt.

Gerade deswegen würden die alten Seelsorger sagen: »Ignoriere für eine Zeitlang deine berufliche Rolle, deine Elternrolle, deine Freizeitrolle, die Rolle, die du gegenüber Verwandten und Freunden innehast. Versuche dir Voraussetzungen zu schaffen, daß du in Kontakt mit deinem eigenen Inneren kommen kannst. Beobachte, was dann passiert. Welche Gedanken steigen in dir auf, wenn du zur Ruhe kommst? Laß dir Zeit. Das, was in dir hochkommt, muß zutiefst ernst genommen werden!«

Pascal ist der Meinung, daß es neben der zentrifugalen Bewegung auch eine *zentripetale* Bewegung gibt, eine Kraft, die vom Zentrum der Persönlichkeit ausgeht. Aber sie wird meist überhört. Sie wird nicht für voll genommen. Das Problem ist, daß viele meinen, keinen inneres Zentrum zu haben. Sie treiben sich die ganze Zeit in anderen Arenen als der eigenen herum.

Deshalb muß man sich anstregen, dem autonomen Ich zu begegnen, das Beschlüsse faßt, Pläne entwirft, Verantwortung übernimmt, das Angst und Unruhe bearbeitet. Diese innere Festung, die unser Ich darstellt, ist für viele ein unbekanntes Land, vielleicht gar eine Wüste. Der Postmoderne zufolge hat sich dieses innere Ich außerdem verflüchtigt und ist in Rauch aufgegangen – was eine grobe Fehleinschätzung sein dürfte. Die Seelenwächter folgen schon seit der Antike einer Tradition, die auf die klassische Ermahnung baut: »Gnothi seauton« – erkenne dich selbst. Das leise, seriöse Gespräch bereitet den Grund für diese lebenslange Arbeit.

Die existentielle Unruhe

»An manchen Abenden, wenn ich im Bett liege, die Kinder eingeschlafen sind und der Fernseher aus ist, kommt es vor, daß die Gedanken im Kreis gehen. Ich wälze mich hin und her. Das sieht mir gar nicht ähnlich. Normalerweise bin ich sofort weg, wenn ich mich ins Bett lege.« Er bläst langsam den Zigarettenrauch aus und läßt den Blick über die Passanten schweifen, die ihre Kofferkulis vor sich her schieben. Er sieht auffallend gut aus. Die Schuhe sind blankgeputzt, der Bart ist sorgfältig rasiert, der Schlips gelockert. Seine Augen wirken müde; sie starren hinaus auf die Maschine der British Airways, die langsam Richtung Startbahn rollt.

Arlanda, etwa dreiundzwanzig Uhr, die Gesichter sind blaß. Kaum hat unsere Maschine am Flugsteig angedockt, zücken die meisten Passagiere ihr Handy. Der Anschlußflug hat drei Stunden Verspätung. Gestrandet sitzen wir – mein neuer Freund und ich – in der Lounge und beschließen einen hektischen Tag mit einem kühlen Bier. Wir sehen hinaus in die Dunkelheit. Da passiert es: Unser Gespräch driftet in eine Tiefe ab, wie man sie nur selten zuläßt.

»In der letzten Zeit erkenne ich mich selbst nicht mehr wieder. Äußerlich gesehen ist alles okay. Gutes Einkommen, nette Freunde, eine intakte Familie, die alles mit mir teilt. Und trotzdem kommen diese schwarzen Vögel angeflattert und lassen sich in meinem Kopf nieder. Der Gedankenfluß ist kaum zu stoppen. Man fühlt sich lächerlich, wie ein Gymnasiast oder so, ich weiß nicht, wie ich es ausdrücken soll, aber es macht mir angst. Ich stehe auf, gehe durch die Wohnung, mache mir ein Sandwich, blättere die Zeitung durch.«

Er erzählt von einem fünfunddreißigjährigen Freund, bei dem ein bösartiger Tumor festgestellt worden war. Noch gar nicht lange her. Innerhalb von vier Monaten war alles vorbei. Familie und Freunde standen stumm an seinem Bett. Die Kameraden aus dem Squashclub sprachen sich im Krankenhausflur Mut zu, bevor sie in sein Zimmer gingen. Insgeheim dachten sie wohl: »Was soll ich sagen?« Dann die Beerdigung. Aber was am schwersten war: Zwei Wochen danach saß ein anderer an seinem Computer. Die Festplatte war neu formatiert, das Mailpostfach gelöscht. Als hätte er nie dort gesessen. Völlig absurd. Wo ist er jetzt?

»Das hätte ich sein können, das ist es, was ich denke. Oder mein Bruder. Daß dies alles hier – Leben, Job, Freunde, Kinder – so zerbrechlich ist, so wahnsinnig provisorisch. Ich weiß ja, daß niemand eine Lösung parat hat. Aber das merkwürdigste ist, daß keiner über so etwas redet. Man soll lächeln und gut drauf sein. Ist es nicht so? Bin ich der einzige, dem es unerträglich vorkommt, daß das Leben nur einmal stattfindet, nur ein einziges Mal? Man kann den Film nicht zurückspulen. Meine Freunde sagen: ›Laß gut sein. Reiß dich zusammen. Das Leben geht weiter!‹ Aber daß ich nicht darüber hinwegkomme, das macht mir angst.« Er zündet sich eine neue Zigarette an.

Was soll man sagen, ohne daß es zynisch klingt? Daß manche Leute finden, dieses Erlöschen sei doch schön, daß niemand etwas über den Tod weiß, daß alle Spekulation über ein Leben danach nichts als Zuckerwatte für die Furchtsamen ist, daß er sich noch ein Bier bestellen und aufhören soll zu grübeln, daß ich selbst in einem schlichten Gottvertrauen geborgen bin wie in einer Wiege? Wer hat das Recht zu antworten, wenn die Erde unter den Füßen bebt – nicht nur ein bißchen, sondern kräftig?

Lebensfragen und Lebenskrisen

Es wird ein langes Gespräch. Wir reden darüber, daß es Abschnitte im Leben gibt, in denen die existentiellen Fragen tief persönlich werden. Lebenskrisen und Lebensabschied sind natürlich solche Abschnitte, ebenso wie Zeiten der Krankheit. Man wird jäh – ob vorbereitet oder nicht – in sein eigenes Zentrum oder an die Grenzen des Lebens geführt. Man kann nicht länger mit unstetem Blick durch die Gegend hetzen.

Die Bedingungen dafür, daß die existentiellen Fragen offenbar werden, waren zu allen Zeiten etwa die gleichen: Einsamkeit, Leid, Stille und das Fehlen von jeder Ablenkung. Wenn die Zerbrechlichkeit des Daseins sich unausweichlich aufdrängt – jemand stirbt, man spricht mit einem Schwerkranken oder mit Eltern, deren Kind leidet –, erwacht die existentielle Unruhe.

Solange man sich dann so etwas wie technischer Begriffe bedient, wie Abwehrmechanismus, Verarbeitung, Krisenbewältigung oder »de-briefing«, fühlt man sich relativ sicher. Aber auch psychologische Begriffe – Versuche, so etwas wie Logik im Chaos zu entdecken – können eine Art sein, sich zu distanzieren, einer Konfrontation mit der Unruhe zu entgehen, die das Leid anderer in einem hervorruft.

Es ist schon nach Mitternacht, als er sagt, daß er sich an Hermann Hesse erinnert und daran, daß er als Gymnasiast von den Existentialisten fasziniert war. Als er erfährt, welchen Beruf ich habe, bittet er mich um eine Erklärung: »Was sind eigentlich die existentiellen Fragen?« Und ich antworte, daß es verschiedene Diskussionsansätze gibt, was Lebensfragen betrifft. Einer der Bekannteren jener Denker, die sich an dieser schweren Aufgabe versucht haben, ist der Philosoph Karl Jaspers, der behauptete, daß der Mensch sich innerhalb bestimmter grundlegender Situationen oder *Grenzen* bewegt.

Vergewissern wir uns unserer menschlichen Lage. Wir befinden uns immer in Situationen. Diese Situationen verändern sich, die Zufälle häufen sich. Werden sie versäumt, kommen sie nicht zurück. Ich selbst kann daran arbeiten, die Situationen zu verändern. Aber es gibt Situationen, die ihrem Wesen nach unverändert bleiben, auch wenn sie sich im Moment anders darstellen und ihre überwältigende Macht verschleiern: Ich muß sterben, ich muß leiden, ich muß kämpfen, ich bin dem Zufall unterworfen, ich ziehe unausweichlich Schuld auf mich. Diese unsere Grundsituationen des Lebens nennen wir Grenzsituationen. Das heißt, es sind Situationen, denen wir nicht entgehen können, die wir nicht ändern können ... In den Grenzsituationen tritt entweder das leere Nichts hervor, oder man kommt in Berührung mit dem, was trotz und vor allem verschwindenden weltlichen Sein eigentlich ist. Das Verzweifeln an sich wird durch seine Faktizität, dadurch, daß es in der Welt möglich ist, zu einem Wegweiser, der über die Welt hinausweist.[30]

Den Grenzsituationen gemeinsam ist, daß sie Schmerzen verursachen, da sie alle auf der *prinzipiellen Unzuverlässigkeit*

der Welt und der schwankenden Haltung des Menschen beruhen. Die Unsicherheit des Daseins ist kein Kulturprodukt,
das vom Menschen geschaffen wurde, sie ist in sich selbst
real. Gabriel Marcel sagt, daß der infernalistische Zirkel
des Menschenlebens gerade darauf beruht, daß er zwischen
Zufallsfaktoren und der Vorstellung, man könne das alles beeinflussen, oszilliert. Die Fragen, die Bestandteil der menschlichen Lebensbedingungen sind und mit denen sich jeder
Mensch früher oder später – mehr oder weniger ausgeprägt
– konfrontiert sieht, können als *Rätsel der menschlichen Existenz* bezeichnet werden.

Aus dem späten Abend ist Nacht geworden, und wir
philosophieren darüber, daß der Mensch im Unterschied zu
den Tieren (auch den am höchsten entwickelten) ein Selbst-
bewußtsein hat. Deshalb ist der Mensch dazu *verurteilt*, über
seine eigene Situation nachzudenken. Es gibt keinen Abschaltknopf. Anscheinend ist der Mensch das einzige Lebe-
wesen, das weiß, daß es sterben wird. Durch seine Sprache
und seine Kultur kann er den Lauf der Zeit beobachten und
über seine Nicht-Existenz nachdenken. Er folgt nicht einfach ererbten Verhaltensmustern, sondern erlebt sich als frei.
Diese Freiheit ist seine Würde und sein Fluch.

Oft heißt es, die existentiellen Fragen handelten von verschiedenen Aspekten rund um Verantwortung und Schuld,
Tod und Leiden und Schicksal. Es ist unmöglich, die existentielle Unruhe zu mildern oder ihr zu entgehen. Es gibt
kein Rezept dafür. Der Arzt spielt in derselben Liga wie der
Patient. Der Chefarzt weiß nicht mehr darüber als der
Pförtner. Einfache Lösungen taugen nicht für den, der sich
in der diffusen Welt der Lebenskrisen befindet. Statt dessen
sorgen die Lebensfragen für eine eigenartige Stimmung im
Dasein des Menschen.

Lange Zeit hindurch lebt der Menschen vielleicht harmonisch, alles ist in bester Ordnung. Aber früher oder später treten Ereignisse ein, äußerliche oder innere, die Löcher in dieses unbeschwerte Leben reißen. Durch diese Risse in der Entwicklung – die oftmals ziemlich breit und tief sind – reift der Mensch. Im Laufe eines Lebens gibt es Perioden und Ereignisse, in denen das Normale und Selbstverständliche außer Kraft gesetzt und man gezwungen ist, seine Lebensziele umzuformulieren. Johan Cullberg schreibt, daß dies nicht ohne Schmerzen und Qualen der Ungewißheit geschieht. Viele fliehen vor der Ungewißheit und versäumen auf diese Weise das, was es ihnen an Wachstum und innerer Vertiefung bringt.[31]

In solchen Zeitabschnitten werden oft die klassischen Lebensthemen vergegenwärtigt: die Kürze des Lebens und die Unausweichlichkeit des Todes. Daran gekoppelt ist das Empfinden, daß es bald zu spät sein wird, etwas zu ändern. Deshalb verfolgen die existentiellen Probleme den Menschen ständig mit der Forderung nach einer Neuformulierung. Das Dasein als solches wird zu einer *Versöhnungsarbeit* zwischen der Erkenntnis unserer Bedeutungslosigkeit einerseits und unserer einzigartigen Persönlichkeit andererseits. Die existentielle Unruhe ist gesund und notwendig; sie ist ein Zeichen der Menschenwürde.

»Das alles hört sich gut an, klug und durchdacht. Was Sie da sagen, ist wirklich interessant. Daß es eine Art Ordnung der inneren Unruhe gibt oder daß sie irgendwie zu den Lebensbedingungen gehört. Aber Sie müssen entschuldigen, diese ganze Philosophiererei ist nicht mein Ding. Außerdem läßt es sich nicht leugnen, daß so etwas – wie es meinem Arbeitskollegen passiert ist – bewirkt, daß man sich selbst und die, mit denen man täglich zu tun hat, in einem neuen Licht sieht«, sagt er ernst und verstummt danach für lange Zeit.

Wir sitzen nicht weit weg vom Andachtsraum des Flughafens Arlanda. Wir gehen hinein. An einem Mobile, das von der Decke herunterhängt, schweben grazile blaue Tropfen. Das Mobile bewegt sich langsam und strahlt Ruhe und Frieden aus. Die Ansagen der Lautsprecher draußen sind kaum hörbar. Viele Menschen haben ihre Gedanken vor der Reise, die sie antreten, in das Gästebuch geschrieben. Jemand hat hier gesessen, bevor er zum Begräbnis eines Angehörigen flog. Andere haben Worte der Dankbarkeit und des Glücks über Freunde und Familienangehörige niedergeschrieben, die meisten bitten für sich selbst und ihre Nächsten.

Gegen drei Uhr nachts wird sein Flug aufgerufen, der Mann geht zum Flugsteig, und bald darauf rollt die Maschine an den Start und nimmt Kurs auf Asien. Eine Geschäftsreise. Ein Marathongespräch verwandelt sich zu einer Erinnerung. Noch lange Zeit danach denke ich an unsere Unterhaltung – jedesmal, wenn ich im Flughafen bin und in der Abflughalle an dem Sessel vorbei gehe, in dem er gesessen hat.

4 | Die Kultur der Langsamkeit

Über die Wichtigkeit, sein Inneres zu pflegen

... unsere Sinne verdienen es wirklich, mit dem aller-
größten Respekt behandelt zu werden ... denn ein Wind
ist ein Wind, und ein Stück sonnenwarme Baumrinde
enthält mehr Antworten, als wir uns jemals an Fragen
träumen lassen würden.

Håkan Nesser, *Flugan och evigheten*[32]

Der Mythos, daß man
eines Tages aufgeholt haben wird

Das Wort Kultur bedeutet Anbau, Pflege, Verfeinerung; Langsamkeit zu kultivieren sollte deshalb beinhalten, daß man sich aktiv darin übt, nicht immer alles »schnellstmöglich zu erledigen« oder »möglichst viel zu schaffen«, sondern sich das Recht bewahrt, müßig in die Gegend zu schauen, auszukuppeln und vom Gas zu gehen. Aber wie pflegt und bewahrt man sein Inneres? Alle Versuche, diese Frage zu beantworten, erweisen sich schnell als vermessen und lächerlich. Doch Antworten darauf liegen seit langem in der Kulturgeschichte bereit; vielleicht sollte man sie mal abstauben.

Die Fähigkeit, es ruhig angehen zu lassen, erfordert einen *Entschluß*. Es braucht Mut, sich gegen etwas zu entscheiden, was man gern mag, um sich selbst zu begegnen. Wenn in der Antike davon gesprochen wurde, sich selbst zu erkennen, wurde es nicht selten mit dem Wort »Übung« verbunden. Die alten Klosterväter sprachen von »Exercitia spiritualia« – geistlichen Übungen. Im Neuen Testament fällt das Wort Leibesübungen, wenn die Rede davon ist, daß der Mensch sich in Gottesfurcht üben muß (1 Tim 4,7).

Sich in Gegenwärtigkeit üben

Übersetzt man einige Regeln der geistigen Traditionen in die moderne Sprache, hört es sich vielleicht ungefähr so an: Der Mensch muß sich jeden Tag einige Minuten darin üben, seine Gedanken zu zügeln, die Augen zu schließen und den Lärm der Welt zu ignorieren, um in sich zu gehen. Die Behauptung, man habe keine Zeit, würden die geistlichen Mütter und Väter brüsk zurückweisen. Sie würden sagen, daß der behauptete Zeitmangel ein Mythos ist, ein Mythos, zu dem die Menschen greifen, um sich vor sich selbst zu schützen. Er ist entstanden aus einer Menge Pseudobeschäftigungen, kombiniert mit massenmedialem Druck und zu wenig Selbstbeherrschung.

In der Stille begegnet dem gehetzten Menschen zuerst Verwirrung und Unruhe. Die Gedanken rasen durch den Kopf. Die Zerrissenheit ist total. Das haben Seelsorger aller Zeiten gewußt. Der Rat ist immer derselbe: Ignoriere die Verwirrung und halte aus. Nach den zerrissenen Gedanken kommt etwas anderes. Hinter ihnen verbirgt sich eine andere Art der Zeitwahrnehmung. Die äußere Stille ist eine Voraussetzung für die innere. Der Mensch muß Türen öffnen, die ihn von dem ständig vorwärtsstürmenden Alltag wegführen.

Wie soll man anfangen? Vielleicht so: Manchmal, wenn man nichts Besonderes zu tun hat, wenn man sich hinsetzt, um zwei, drei Minuten auszuruhen, kann man zu sich selbst sagen: »Ich setze mich hin, hier bin ich in meiner eigenen Gegenwart, und ich tue absolut nichts.« Ein oder zwei Minuten nur, länger hält man es am Anfang meist nicht durch. Am schwersten ist es für den Ungeübten, sich nicht von dieser Untätigkeit ablenken zu lassen, durch eine Zeitung, die man lesen möchte, ein Telefongespräch, das geführt werden müßte. Das Ziel ist das Nichtstun – dieser ungewohnte Zustand.

Es geht gar nicht darum, in Grübeleien oder verborgene mystische Tiefen abzutauchen, sondern es geht um ein ruhevolles Sich-Sammeln und ein *Wahrnehmen* der Welt: ihren Duft, ihr Licht, ihren Geschmack, ihren Raum, ihre Veränderung. Es geht darum, das zu sehen, was unmittelbar um einen herum ist, ohne sich von Impulsen aus dem eigenen Inneren verschlingen zu lassen. Der Punkt ist, Gedanken und Vorstellungen kommen zu lassen, aber auch, sie davonziehen zu lassen. So schwer und doch so grundlegend wichtig.

Bei dieser »geistigen Übung« können äußerliche Dinge hilfreich sein, eine brennende Kerze oder ein Stein, den man vor sich auf den Tisch legt. Man denkt: »Jetzt sitze ich hier, und vor mir liegt der Stein / steht die Kerze. Mein Atem geht und kommt, und ich versuche mich zu entspannen. Ich bin jetzt hier. Vieles stört mich, aber das ignoriere ich, ich bin hier, draußen braust die Welt.«

Solche Übungen können gemacht werden, während man auf einem Stuhl sitzt, in einer Schlange steht, vom Fahrrad steigt oder wenn die Kinder im Bett sind. Das wichtige daran ist die Aufmerksamkeit und die Anwesenheit. Wenn man diese Übung – manche nennen es Meditation – einige Wochen lang gemacht hat, kann sie um weitere Minuten ausgedehnt werden.

Der nächste Schritt könnte sein, sich selbst einzufangen, auch wenn die Zeit drängt, das heißt, nicht nur wenn man ein paar Minuten übrig hat, sondern wenn man alle Hände voll zu tun hat. Nehmen wir an, jemand ist gerade mit etwas Wichtigem und Dringendem beschäftigt. Er glaubt, wenn er das, was er tut, nicht täte, würde die Welt untergehen. Dann, gerade dann, soll er zu sich selbst sagen und es anschließend auch wirklich umsetzen: »Ich höre auf, ich mache jetzt eine Minute lang nichts.«

Das erste, was dieser Mensch dann feststellen wird, ist, daß die Welt nicht untergeht. Das Leben kann eine Minute warten, während er sich nicht damit beschäftigt. Das ist eine wichtige Entdeckung. Oft sagen wir: »Das ist meine Pflicht, ich muß es schaffen, ich kann es nicht unerledigt lassen.« Aber früher oder später müssen wir doch aufhören. Körper und Sinne verlangen schließlich ihr Recht, man kann nicht immer hundertprozentig effektiv sein. Eine Minute ist nur eine Minute, auf die eine weitere Minute folgt, aber der Mensch führt sich oft auf, als würden fünf Minuten innerhalb von dreißig Sekunden vorbeirauschen.

Wer eine relativ selbstbestimmte Arbeit hat, kann einen Wecker nehmen, ihn auf fünfundvierzig Minuten stellen und dann zu sich sagen: »Ich werde jetzt arbeiten, bis der Wecker klingelt, ohne zwischendurch hinzusehen.« Schon das ist in der Regel schwer genug. Wenn dann das Signal kommt, kann man zu sich selbst sagen, daß die Welt nun für eine Minute stehenbleibt. Man soll sich nicht vom Fleck rühren, sondern einfach entspannen. Am Anfang ist das ungemein schwer. Aber nach und nach bilden solche inneren Inseln der Zeitlosigkeit und Ruhe die Basis für ein Gefühl des Gegenwärtigseins.

Wenn der Mensch dann ein bißchen Übung im Innehalten während ruhiger Zeiten hat, kann er einen Schritt weiter gehen und einige Minuten absoluter Ruhe mitten an einem gehetzten Tag einlegen. So schafft er sich ein Gespür für einen anderen Typ von Zeit als die, die ihm normalerweise entgegenkommt. Diese »alternative Zeit« findet sich immer hinter oder unter dem Alltäglichen. Es ist möglich, sie zu identifizieren und dann zu vertiefen. Das, was sich da verbirgt, ist eine Ahnung von der Zeit Gottes, von dem, was im christlichen Glauben Ewigkeit genannt wird. Ein Ziel der geistlichen Übungen in der Geschichte des Christentums ist es gewesen, dem Individuum zu helfen, solche inneren befriedeten Zonen zu errichten – Epiphanien.

Die geistige Gegenwärtigkeit ist jedoch nicht nur eine psychologische Fähigkeit, das Dasein so zu sehen, wie es ist. Sie hat auch etwas damit zu tun, an einen inneren Raum der Ruhe *wieder anknüpfen* zu können – ganz gleich, was wir gerade tun oder wo wir uns befinden.

Es gibt auch einen Schmerz, mit dem der Mensch früher oder später in Kontakt kommt. Die Stille ist nicht nur die Abwesenheit von Geräuschen, sondern auch die Gegenwart von einem – zunächst diffusen – Etwas. In der Stille tritt die Ewigkeit hervor; manchmal ist sie greifbar wie ein Baum. Jenseits aller Phantasien und jagenden Gedanken existiert eine geistliche Erfahrung, auch bei dem, der niemals in religiösen Begriffen denkt. Sie äußert sich normalerweise als ein *Durst,* eine vage Unruhe, eine Sehnsucht. Kirchenvater Augustinus' paradoxes Gebet ist wohlbekannt: »Gott dürstet danach, daß wir nach ihm dürsten.«

Es existiert eine romantische Vorstellung von Stille, nicht zuletzt bei dem, der sie selten sucht. Aber jemand, der das Telefon ausstöpselt, die Tür schließt, die Zeitung beiseite legt und sagt »Jetzt bin ich nur ich selbst«, erlebt zunächst Verwirrung. Warum? Der Mensch lebt von Gegenseitigkeit. Er wird durch andere Menschen stimuliert. Der Mensch reagiert und re-flektiert. Wenn er allein ist, liegt die Langeweile nicht fern. Rasch versucht er ihr zu entfliehen, er liest eine Zeitung oder ruft einen Freund an. Jeder, der versucht hat, während eines Retreats zu schweigen, weiß, welche Qual die Stille in den ersten Tagen ist.

Aber um das innere Leben zu pflegen, ist es erforderlich, daß der Mensch den Zustand der Langweile *aushält.* Das führt zu einem vertieften Schmerz. Die Begegnung mit ihm ist von größter Wichtigkeit. Es ist diese Unruhe der Stille, welche die Klosterväter zu verstehen suchten. Sie beobachteten viele der Impulse, die viel später erst von den Psychoanalytikern benannt wurden.

Die gute Einsamkeit

Der Ausdruck »O beata solitudo«, o heilige Einsamkeit, bedeutet nicht, daß die geistlichen Mütter und Väter Veränderungen oder menschliche Gesellschaft verachteten. Im Gegenteil, nicht selten sind im Kloster Ausgelassenheit und drastischer Humor zu finden. Ein Mensch, der mit sich selbst im reinen ist, besitzt die Fähigkeit zu tiefer Gemeinschaft. Oft wird der spirituelle Mensch als jemand beschrieben, der eine starke Integrität besitzt. Ein Schimmer von Würde und Wärme, Selbständigkeit und eigenartiger Stärke umgibt einen Menschen, der sich selbst nahe ist.

Ich spreche hier nicht von der aufgezwungenen, quälenden sozialen Einsamkeit, sondern von der freiwilligen Einsamkeit, in der man ganz bewußt sich selbst erreichen will. Vielen Kindern wurde die Fähigkeit zum Alleinsein genommen, weil sie keine »sichere Basis« haben. Aber eine wichtige Voraussetzung dafür, sich an einen anderen Menschen binden zu können, ist gerade die Fähigkeit, allein zu sein. Der Psychoanalytiker und Kinderarzt Donald Winnicott behauptet, daß diese Fähigkeit ihren Ursprung in der Erfahrung des Säuglings hat, daß er zeitweise sich selbst überlassen ist – in der sicheren Nähe der Mutter. Dieses Alleinsein in Gemeinschaft ist es, was bewirkt, daß man in Kontakt mit seinen innersten Gefühlen kommt. Oder wie John Cowper Powys schreibt:

> *Man kann jedoch sicher sein, daß man sich auf dem richtigen Weg befindet, wenn das Verlangen nach Einsamkeit irgendwie verzweifelt wird; wenn es zu einem Durst wird, der unter allen Umständen und an jedem Tag der Woche irgendwie gestillt werden muß!*[33]

Aus psychoanalytischer Sicht kann man sagen, daß Meditation und Gebet eine Art Rekapitulation dieser Einsamkeit sind, nur daß diese nicht sozial, sondern existentiell ist. Der Mensch sucht die Nähe Gottes *aus keinem anderen Grund als der Sehnsucht.* Im Gebet liegt ein Wechsel zwischen Einsamkeit und Gemeinsamkeit, zwischen dem Ich und dem Du.

Das fruchtbare Gespräch

Die geistigen Traditionen haben immer das *gute Gespräch* hoch geschätzt. Mit leiser Stimme einen Dialog mit einem anderen Menschen zu führen bedeutet, seine eigenen Fragen, Zweifel und auch Überzeugungen formulieren zu müssen. Niemand weiß im Grunde, was er denkt, bevor er es nicht formuliert hat. Vage Gedanken oder ein dumpfes Sehnen können erst dann Form annehmen, wenn das Unklare ernst genommen wird, wenn Dialoge zu Entdeckungen führen. Im guten Gespräch verbindet sich die Gemeinschaft mit der tastenden Suche danach, wer man selbst ist. Die geistigen Traditionen sprechen auch von einer anderen Art des *Lesens.* Man beschäftigt sich nicht mit Texten, um etwas zu lernen, auch nicht, um unterhalten zu werden, sondern um eine vertiefte Sicht auf das zu erhalten, was man schon weiß. Wir werden bald sehen, daß die Lektüre von Essays eine Art literarischer Variante des erforschenden und suchenden Gesprächs ist. Aber erst noch einige Anmerkungen zum Gespräch.

Das klärende Gespräch war und ist wichtig für die geistige und persönliche Reifung. Dadurch, daß man sich selbst das Wort erteilt und seine Erinnerungen wiedergibt, erschafft man seine Lebensgeschichte. Der Mensch muß jemandem aus seinem Leben berichten dürfen, der ihm zuhört. Erst dann wird er Mensch. Indem er sich selbst formuliert, ist er gezwungen, sich über sich selbst klarzuwerden. Es geht darum, über das zutiefst Persönliche zu sprechen und gleichzeitig *eine Art Unpersönlichkeit* im Gespräch zu wahren. Das Persönliche kann mit dem Sachlichen kombiniert werden.

Die Sprache bleibt der wertvollste Zugang zum Menschen. Es ist die Sprache, die ein Gespräch möglich macht. Trotzdem finden überraschend selten Gespräche statt. Der Mensch redet und diskutiert, kommentiert und konversiert, plaudert, schwatzt, hält Vorträge, bettelt, klagt, predigt; Gespräche führt er selten. Dabei ist das Gespräch elementar. Im Gespräch verbindet sich das Bedürfnis nach Gemeinschaft mit dem Bedürfnis, sich auszudrücken, das Bedürfnis nach Gefühl mit dem Bedürfnis nach Wissen.

Ein Gespräch ist Austausch, Zusammenspiel, Entdeckung und Abenteuer. Es ist ein Mittel zur Erzeugung von Gemeinschaft und Bewußtsein. Im guten Gespräch scheint der Mensch am menschlichsten zu sein, halten Worte und Gedanken miteinander Schritt. Das gute Gespräch ist Kunst, Wissenschaft und Alltäglichkeit; es veranlaßt die Sprache, sich weich nach den Konturen innerer und äußerer Wirklichkeiten zu formen. Tonfall und Tonart spielen jeweils ihre Rolle. Die Stille macht die Worte deutlich, es gibt Lärm, der nur von der Stille übertönt werden kann. Bedeutungsschaffend sind Eifer, Zögern und suchende Pausen. Ein gutes Gespräch ist etwas Fremdes für die neurotische Lautfülle. Der Raum der Semantik ist größer als der des Zimmers.

Das gute Gespräch liebt Nuancen. Die Ethik des Gesprächs ist wichtig. Grundlegend ist die Fähigkeit, uneinig zu sein, ohne sich zu zerstreiten. Zu argumentieren, ohne zu insinuieren, im zutiefst Persönlichen eine Art Unpersönlichkeit zu bewahren. Zwischen Sache und Person zu unterscheiden und niemals Ratespiele über finstere Motive zu betreiben, wenn es klärende Hinweise gibt.

Wer die Kunst des Gesprächs zu verstehen sucht, sollte eines beherzigen: *Man hüte sich vor Alleinunterhaltern.* Gegenüber dem glänzenden Redner kann der schüchterne verschwinden. Wer immer im Mittelpunkt steht, mit seinem Wissen oder seinen blitzschnellen Einfällen glänzt, kann den Schweigenden unbemerkt überfahren. Der geniale Unterhalter – in dessen Gegenwart wir uns gerne aufhalten – kann uns über uns selbst täuschen. Er unterhält uns, aber er hört niemals zu; wir bewundern seine Brillanz und seinen Humor, aber hinterher wissen wir nicht mehr über uns selbst. Die Idealisierung anderer – »sie sind so amüsant« – sagt manchmal mehr über unsere eigene Unsicherheit aus als über den Charme der anderen.

Im guten Gespräch sind die Rollen anders verteilt, die Ethik und Ästhetik der Konversation ist nicht die des Gesprächs. Die Sprache des rhetorisch Begabten ist blendend und voller blitzender Assoziationen. Aber sie hat ein falsche Art von Empfindsamkeit; die Möglichkeiten der Worte und des Ausdrucks sind interessanter als die der Realität. Die Sprache des Gesprächs bleibt die des Amateurs: suchend, tastend, horchend. Sie strebt die ganze Zeit nach neuen Perspektiven und Weiten.

Das gute Gespräch beinhaltet einen freien Austausch von Gedanken, die etwas Neues zu schaffen vermögen. Gleich-

zeitig respektiert es die Unterschiede zwischen den Stand-
punkten der Gesprächspartner. Das gute Gespräch strebt
nicht unbedingt eine Synthese an – geschweige denn einen
Konsens. Das unterschwellige Bestreben der Harmonisierung, »eigentlich sind wir beide derselben Meinung«, ist weit
entfernt von dem Anspruch des Dialogs auf intellektuelle
Anständigkeit und von dem Respekt vor unterschiedlichen
Werten. Das gute Gespräch setzt Vertrauen voraus; es ist eine Art und Weise, laut zu denken. Die meisten von uns können in der Einsamkeit ihre Gedankenketten nicht besonders
lang ausbauen; wir müssen unsere Ideen formulieren, von
denen wir nicht sicher sind, daß wir sie vertreten, ganz einfach um zu hören, wie sie klingen, und zu sehen, welche Reaktion sie hervorrufen.

Das nachdenkliche Lesen

Das gute Gespräch hängt eng zusammen mit der Art von
langsamem Lesen, das dem Leser hilft, eine Sichtweise zu vertiefen. Vielleicht muß man sich darin üben, bestimmte Texte
zu lesen oder *mit ihnen umzugehen.* Man sollte viele Male zu
ihnen zurückkehren. Das gilt auch für die Belletristik.

*Also: Wenn ich hier davon spreche, ›lesen‹ zu können, meine
ich nicht nur die Fähigkeit, eine schriftliche Darstellung zu
verstehen. Etwas weitergehend denke ich an: sich das Gelese-
ne anzueignen und in einem tieferen Sinne davon beeinflußt
zu werden. Die Gedanken anderer der eigenen Persönlichkeit positiv oder negativ einzuverleiben,*

schreibt Ingmar Hedenius. Er fährt fort:

Die Lektüre schlechter Bücher stumpft ab, und da die meisten schlechten Bücher unterhaltsam sind – die Unterhaltsamkeit ist sozusagen die Waffe des schlechten Autors im Kampf ums Dasein –, erfordert es eine gewisse Überwindung, allein aus hygienischen Gründen das Schlechte in die Ecke zu werfen. Viel besser, als sich von einem Scharlatan mitreißen zu lassen, ist es, allein über einer Tasse Kaffee zu sitzen und die Gedanken hierhin und dorthin wandern zu lassen, wie sie gerade wollen.[34]

Das selbständige Auffassen von Büchern und die langwährende Freude daran erfordert also ein langsames und sparsames Lesen. Oft mit dem Stift in der Hand, oft dadurch, daß man durch ein Buch streift, zurückgeht zu dem, was man schon gelesen hat, und tiefer darüber nachdenkt. Wie man sich auch dreht und wendet, man wird nie davon loskommen, daß Marcel Prousts Beschreibungen von Erinnerungen und Gedankengeweben einzigartig sein dürften. Manchmal erscheint es als heroische Leistung, ihn zu lesen. Für den, der sich die Zeit nimmt, jeden Nebensatz langsam zu lesen, ergibt sich daraus eine Ruhe oder eher noch eine meditative Stimmung.

Der dynamische Massenleser wird zu einer Karikatur der vorbehaltlosen Liebe zu Büchern, die Voraussetzung der Lektüre ist. Manisch wirft er sich auf alles, was ihm unter die Finger kommt, und schwelgt darin, immer gleichermaßen erfreut über seine Entdeckungen. Mit der Zeit wir er auch eine belesene Person, wortgewandt und auf eine beschränkte Art gebildet, über ein enormes Konversationsregister von Indianern bis Philosophie verfügend. Aber kein Eindruck erhält bei ihm eine feste Form oder auch nur Konturen. Sogar das, was ihn zu allerletzt beglückte, befindet sich in einer fließenden Form und wird diese behalten, da er sich nie die Zeit nimmt, etwas zu verfestigen. Falls man sich bei ihm erkundigte, welchen Gewinn er letztlich aus seinem vielen Lesen zieht, würde er nicht einmal die Frage verstehen. Ihm fiele keine andere Antwort ein als die, daß es ihm Spaß macht.[35]

Aber es ist nicht nur der Atheist Hedenius, der diese Art von Gedankengängen ausdrückt. Die Bibel formuliert es so: »Hüte dich, mein Sohn, vor andern mehr; denn viel Büchermachens ist kein Ende, und viel Studieren macht den Leib müde« (Prediger 12,12).

Ein gutes Buch gibt dem Leser das Gefühl, daß es seine eigenen Erfahrungen sind, über die er liest. Die beste Literatur ist die, bei der es uns scheint, als erinnerten wir uns plötzlich an etwas Wichtiges, was wir gewußt, aber vergessen hatten. Wieder einmal hören wir auf den alten Montaigne:

Ich reise in Friedens- und Kriegszeiten nie ohne Bücher; doch können Tage, ja Monate vergehen, ohne daß ich hineinsehe ... denn ich fühle mich unsäglich beruhigt und geborgen in dem Gedanken, daß sie bei mir sind, um mich zu erfreuen, wenn ich sie brauche; dankbar erkenne ich an, wie sie mir im Leben helfen.

Er berichtet weiter, wie er sich in seine Bibliothek zurückzieht:

Dort blättere ich einmal in einem Buch, dann wieder in einem anderen, planlos, unzusammenhängend. Dann sinne ich einmal ein Weilchen; und dann wieder mache ich Notizen und diktiere, im Hin- und Hergehen, was mir so einfällt und was ich hier vorlege.[36]

Homo Sapiens und
Homo Zappiens

Es liegt etwas Verführerisches in dem Begriff »Textverarbei-tung«. Computer verarbeiten zwar Worte, aber sie können keinen Gedanken zustandebringen. Eine Seite auf dem Mo-nitor zu scrollen erinnert an die Art, wie man die alten Pa-pyrusrollen las. Mehr als eine Seite zur Zeit kann man nicht bewältigen. Die Erkenntnis ist beruhigend. Trotz der Ozea-ne von Möglichkeiten, die Millionen von Homepages im Internet bieten, kann das Gehirn nur eine Seite zur Zeit auf-nehmen. Trotz der Menge von Büchern auf Buchmessen kann der Mensch immer nur Wort für Wort, Zeile für Zei-le, Buchseite für Buchseite lesen.

Wer dreihundert Seiten Text ohne Bilder oder Zwischen-überschriften lesen, ihn behalten, in sich aufnehmen, sich ein eigenes Bild davon machen, einen eigenen Gehalt daraus ziehen und ihn sogar in eigenen Aufzeichnungen umsetzen kann, dürfte in Zukunft vermutlich die Nase vorn haben. Bücher geben Überblick, schaffen Zusammenhang und Sinn, etwas, was ein Computermonitor nicht leisten kann. Man kann Wissen in seinem eigenen Tempo aufnehmen, zu sei-nen Bedingungen und ohne drängendes Cursor-Blinken.

Der Absatz von Taschenbüchern steigt. Immer mehr Menschen klammern ihr eigenes Leben aus und steigen ein in gedachte Welten. Wie Inseln der Stille zeugen auf Buch-seiten starrende Leser davon, daß wir alle ein Bedürfnis ha-ben, auszuruhen, Licht und Lärm zu ignorieren, um in un-ser ganz privates Kino zu gehen. Lesen ist und bleibt ein Akt der Konzentration, eine Mini-Andacht, ein privates Refu-gium, zu dem wir hinaufklettern. Aber was ist Lesen eigent-lich?

All diese parallelen Welten, in die wir hinein- und aus de-

nen wir hinausgehen, wenn wir Romane öffnen und schließen – sind wir in ihnen, oder sind sie in uns? Innerhalb der
Buchdeckel scheinen wir das Leben anderer zu leben, die
Träume anderer zu träumen, dem Zorn oder dem Vertrauen
anderer zu begegnen. Vielleicht ist es genau andersherum.
Unsere eigene Welt wird von den erfundenen Welten belebt.
Unser Fragen oder unsere Zuversicht wird in Worte gekleidet, unsere Sicherheit in Frage gestellt. Lesen wir in Wirklichkeit die ganze Zeit über uns selbst (oder Teile von uns
selbst), wenn wir meinen, einen Roman zu lesen? Sicher, ein
fiktiver Mensch kann niemals antworten, hat keine Autono-
mie. Er ist nur eine Konstruktion, die wir mit unserer eigenen Phantasie ausfüllen, sagen uns die Kritiker. Gleichzeitig
scheinen sie zu leben wie ewige Gesprächspartner, Generation für Generation: Karl Oskar und Kristina in Duvemåla,
der Großinquisitor von Sevilla, Harry Haller im Magischen
Theater oder die Brüder Löwenherz.

Mein Sohn blickt verwirrt hoch und sagt »Was?«, als ich
ihn zum vierten Mal frage, wo er bestimmte Sachen hinge-
legt hat. Sein Blick steigt sozusagen aus einem inneren ver-
sunkenen Atlantis an die Oberfläche. Wenn er liest, lebt er
auf diesem Kontinent. Zerstreut deutet er auf ein Regal.
Dann versinkt sein Blick wieder in den Buchseiten, ver-
schluckt von dieser »anderen Welt«. Aber wo ist er? Wenn er
den Blick senkt, klammert er seine Alltagsumgebung aus
und schließt einen heimlichen Pakt mit dem Autor. In den
Parallelwelten der Bücher gehen wir ein und aus.[37]

Der Umgang mit einem Buch ist ja das genaue Gegenteil
von jeglicher Eile. Vorlesen wird viel zu sehr unterschätzt.
Man muß konzentriert sein, wenn man liest oder einem Vor-
leser zuhört. Die Worte erzeugen ein inneres Bild. Lesen
kann man nicht auf Konsum reduzieren. Es gehört zur Kultur der Langsamkeit. Es ist weit entfernt von groß aufge-

machten Überschriften, ebenso wie von den Ergüssen ego-
zentrischer Autoren, wie und warum sie schreiben.

Sich mit einem Buch zu beschäftigen ist eine Art, einen
Tunnel hinein in eine innere Welt zu graben. Das laute Vorlesen ist vielleicht auf dem Weg zurück in unsere Zeit, auch
werden Hörbücher zunehmend beliebter, der Bedarf an Er-
zähltem wird immer größer. Man muß sich auf eine einzige
Sache konzentrieren – oft mehrere Stunden lang. Man beschäftigt sich mit Gestalten, die man anschließend besser
kennt als seine eigenen Freunde.

Bücher lassen sich nach unterschiedlichen Typen unterscheiden. Fachbücher wollen Fakten vermitteln, klar und
präzise. Ein Roman baut eine Phantasiewelt auf, die uns fasziniert, und Dichter erschaffen lyrische Landschaften. Es
gibt allerdings einen Typ von Büchern, dem wir mehr Aufmerksamkeit widmen sollten: dem Essay-Band. Auf ganz
persönliche Art wird Kleines mit Großem vermischt: Reise-
beobachtungen, Biografien, Erinnerungen mit wissenschaftlichen Begründungen und Reflexionen. Man mischt und
gibt. Das Geschriebene ist nicht vollendet, es ist ein Versuch
(genau dies bedeutet das Wort Essay).

Mikael Enckell schreibt:

Seine [des Essayisten] Sicht repräsentiert nämlich einen in-
dividuellen Kosmos, eine persönliche Ganzheit, die nichts
von einer Einschränkung weiß, die keine Verschiebung auf
Entscheidungen jenseits ihrer eigenen Grenzen duldet, etwa
zum Vorteil anderer Erkenntnisse oder späterer Ergebnisse.
... Der Essay basiert auf einer intellektuellen Arbeit, die
hauptsächlich auf die Möglichkeiten zur Eroberung der Au-
ßenwelt verzichtet hat und statt dessen danach strebt, das
Erreichte zu bewahren und das zurückzuerobern, was wir
einmal besessen haben.[38]

Wir können nicht ungestraft die verbleibende Einheit übergehen und dem einzelnen – sprich uns selbst – den Vorzug vor der flüchtigeren, aber oft idealisierten Dignität geben: der Gruppe, dem Volk. Um so mehr, als wir in den entscheidenden Momenten so unausweichlich und unbarmherzig darauf verwiesen werden, was die eingeschränkten Grenzen der eigenen Individualität beinhalten. Auf diesem primären Daseinsfeld können wir mehr Hilfe aus den unmittelbaren Texten des Essayisten ziehen als aus den allzu untergliederten und langatmigen Sperrfeuern der Wissenschaft. In Wirklichkeit ist es der Essay, der sich mit Grundlagenforschung in der eigentlichen Bedeutung des Wortes beschäftigt: nahe den Grundvoraussetzungen für unsere Ideenwelt und unsere Existenz. Die Lektüre von Essays bringt uns den meisten Gewinn in einem Alter, in dem Belletristik und faktengespickte Sachbücher einiges an Reiz verloren haben.

Ich könnte mir denken, daß der Essay besonders geeignet ist für den intellektuellen, zerredeten Menschen.

Dafür vermittelt der Essay Kenntnis über Anschauungsmuster, denen wir in unserem Denken seit langem folgen, oft jedoch, ohne uns dessen bewußt zu sein. Er führt nicht zu neuen Erkenntnissen, sondern spricht eher – Sokrates zufolge – von Einsichten, welche wir im wesentlichen aus Rückerinnerungen herleiten können.[39]

Es gibt einen wichtigen Unterschied zwischen dem ersten und dem zweiten Lesen eines Romans. Das erste Mal befinden wir uns in einer Situation, die mit unserem normalen Leben übereinstimmt. Wir wissen nicht, was der nächste Moment uns bringt und was auf der nächsten Seite passiert. Wir beeilen uns zu erfahren, wie es mit uns weitergeht, ebenso wie mit den Personen im Roman. Wir haben keine Ahnung, welche Begegnungen und Episoden eine Bedeutung für unser Leben und für die erdichteten Gestalten in dem Buch haben werden. Erst mit dem Tod, mit der letzten Seite des Buches, wissen wir Bescheid.

Wenn wir das Buch zum zweiten Mal zur Hand nehmen, ist es, als würden wir die Biographie eines Toten lesen oder auf unser eigenes Leben zurücksehen, kurz bevor wir es verlassen müssen. Jetzt wird auf einmal viel klarer, warum dieses Erlebnis im ersten Kapitel einen so starken Eindruck auf die Heldin machte; es war ja entscheidend für ihr ganzes Leben. Ein Muster bildet sich heraus. Das Wiederlesen ist ein Genuß, den alle Kinder kennen und den viel mehr Erwachsene sich gönnen sollten.

Charakterbildung – was für ein Wort!

Es gibt ein Wort, das aus unserer Zeit fast verschwunden ist: Charakterbildung. Folgen wir dem originellen Autor John Cowper Powys – einem der wenigen, die über Persönlichkeitsbildung schrieben. Ein Hindernis, die Persönlichkeitskultur zu vertiefen, d. h. seinem Leben Qualität, Raum und Freude zu geben, ist teils der Mangel an Freizeit und teils eine kollektiv (sozial, politisch, konsumistisch oder massenmedial) zentralgesteuerte Lebensführung, meint Powys. Deshalb muß jeder Mensch seinen ganz eigenen Weg finden. Alles beginnt damit, daß er sein eigenes *Staunen* darüber entdeckt, daß es ihn überhaupt gibt. Er lebt in einer verheißungsvollen, rätselhaften, schönen und beängstigenden Welt. Aber die Reflexion über das Leben wird oft in die Sphäre des Selbstverständlichen abgedrängt. Damit wird jeder Lebensgenuß unmöglich gemacht. Dieses *Staunen über das Leben* führt deshalb oft zu einem Schock in der Gefühlswelt – wenn etwas Trauriges oder unerwartet Glückliches passiert. Bei anderen Gelegenheiten offenbart es sich gradweise, wie eine schleichende Einsicht.[40]

Es muß, meint Powys, einen Kern in der Persönlichkeit geben, eine Anhäufung von Erinnerungselementen, die das Ich des Menschen zusammenhalten. Was den kultivierten Menschen kennzeichnet, ist, daß er diesen Kern bewußt schützt und aufbaut. Je fürsorglicher ein Mensch seine Seele pflegt, desto mehr entwickelt er seinen eigenen persönlichen Geschmack. Nach Powys ist es ein Kennzeichen des »Emporkömmlings«, daß er ständig die Nähe von Personen sucht, die ihn bestätigen, oder daß er sich mit Bewunderern umgibt. Der kultivierte Mensch dagegen geht seinen Weg und kümmert sich nicht darum, ständig Unterstützung von anderen zu erhalten oder sich vor der Welt zu rechtfertigen. Der »halbgebildete Mensch«, so Powys, läßt seine persönlichen Erlebnisse und Erfahrungen durch einen sklavischen Respekt vor dem herrschenden Geschmack oder durch das Schielen danach, was gerade angesagt ist, verwässern und auslöschen. Beim gebildeten Menschen hat der intellektuelle Snobismus aufgehört.

Ein wirklich kultivierter Mensch ist nicht jemand, der sich nach einem zerrissenen, gestreßten Tag auf das nächtliche Studium von Hegel oder Bergson wirft. Ein wirklich kultivierter Mensch ist eher jemand, der die Sonne gesehen, seine Kinder umarmt, seine Eltern angerufen und sich ein Bild von der Welt gemacht hat, das er sich aneignet. Das Leben des kultivierten Menschen ist nicht darauf angelegt, Philosophie zu studieren, sondern die Welt philosophisch zu erleben. Indem man sichtet, nachdenkt, niederschreibt und Zusammenhänge sucht, allein oder im stillen Gespräch, wird die Welt und damit man selbst deutlich. Diese Lebensphilosophie zeigt ihre Macht nicht dadurch, daß sie über andere triumphiert. Sie beweist ihre Gültigkeit durch einen heimlichen, stoischen Triumph, von dem nur der einzelne weiß.[41]

Der Gebildete muß sich darin üben, zu einem gewissen inneren wortlosen Dialog mit allem zu finden, was ist. In jedem Menschen liegt eine starke, bittere und widerstandsfähige Kraft, die ihm die Stärke gibt, die er braucht. Es ist sehr heilsam für unsere persönliche Kultur, wenn wir in diesen Dialogen mit den Mysterien zu der Einsicht gelangen können, wie einseitig und unbefriedigend alle rationalen Lösungen der Welträtsel sind.

Seine Seele bilden – geht das?

Kultur bedeutet Bildung. Die Kultur kann, muß aber das innere Leben nicht fördern. Gedankliche Schärfe oder künstlerische Anlagen an sich sind noch keine guten Eigenschaften, sie können durchaus in Diensten der Destruktivität stehen. Egoismus und Selbstbespiegelung können sich unter den vornehmsten Formen verbergen. Gleichzeitig scheint der Mensch anderer Ziele als der technischen, sozialen und wirtschaftlichen zu *bedürfen,* und daß er ihrer bedarf, ist ein Zeichen seiner »grenzüberschreitenden Tendenz« – etwas, was in religiöser Begrifflichkeit als Spiritualität bezeichnet werden kann. Das stille Gespräch, Musik, Wissenschaft und Kultur wurden in der Geschichte der Kirche als Mittel angesehen, »die Persönlichkeit zu bilden und zu verfeinern«.

Nicht zuletzt im Mittelalter wurde Wert auf Bildung und den Umgang mit Büchern gelegt. Zugleich haben die Nationen und die Kirchen schmerzliche Erfahrungen gemacht, als sie glaubten, daß humanistische Bildung oder klare Vernunft automatisch zu einem rechtschaffenen Leben führen würden. So verhält es sich ganz gewiß nicht. Die biblische Geschichte vom Baum der Erkenntnis mit seinen Vor- und Nachteilen gilt auch in diesem Zusammenhang. Manchmal ist eher das Umgekehrte der Fall; hinter einer Schicht von Verfeinerung und ästhetischer Eleganz verbergen sich Egoismus und Machtmißbrauch.

Humanisten wurden anfangs jene Menschen genannt, die der freien Gemeinschaft italienischer Gelehrter angehörten, die gegen Ende des Mittelalters das Bildungsideal der Antike wiederentdeckten. Der Mensch rückte ins Zentrum. Man hegte Achtung für den einzelnen und seine schöpferischen Fähigkeiten, während man großen Institutionen mißtraute. Im Fokus stand die völlig freie Suche nach Wissen. Die Humanisten verehrten *Bildung* als Ausdruck der höchsten Form von Menschlichkeit. Das Vollkommenheitsideal der Humanisten war der gebildete Mensch, der die Wahrheit jenseits jeder Autorität erkennt. Wahrheit im künstlerischen Ausdruck zu suchen, ebenso wie in der wissenschaftlichen Erkenntnis oder in der philosophischen Einsicht, bedeutete, die Persönlichkeit zu entwickeln. Die Wahrheitssuche hatte einen Eigenwert. Sie schuf einen ganzen Menschen. Das Ideal war der universelle Mensch: *l'Uomo Universale.*

Die Humanisten sahen in der Bildung eine Totalität, sie war ganz und ungeteilt. Auch wenn sie großen Respekt vor dem Detail und dem Exakten hatten, mußte der Mensch das Ganze sehen, um gebildet zu werden.

Im Humanistenideal gab es auch ein Mißtrauen gegenüber allzu grandiosen Systemen. Es ist gefährlich, wenn das schlichte alltägliche Leben »in seiner mannigfaltigen und prachtvollen Gesamtheit, das Vieldeutige ... eingeschränkt und zurückgebildet [wird] zur unbestreitbarsten und himmelschreienden Eindeutigkeit«.[42] Innerhalb der Wissenschaft gibt es eine erworbene Angst vor Vieldeutigkeit. Steinbeck weist darauf hin, wenn er eine seiner literarischen Figuren sagen läßt, »daß du priesterliche Geheimworte der Wissenschaft gebrauchst, um zu verdecken, daß du nichts zu sagen hast«.[43]

Geistliche Bildung

In der christlichen Kirche hat man lange behauptet, daß sowohl künstlerischer Ausdruck wie intellektuelle Reflexionen wichtige Zutaten zur Pflege des inneren Lebens sind. Gerade weil Gott als Quelle der Schönheit und der Schöpfung beschrieben wird, können die Künste so etwas wie »Transzendenzsignale« werden. Architektur, Poesie, Malerei und Musik haben sowohl einen Eigenwert als auch einen instrumentellen Wert, sie sind Ausdruck der Schönheit und ein Mittel, um die Quelle des Guten zu verehren. Die mittelalterliche Theologie behauptet, daß die ästhetische Harmonie eine Verlängerung in – oder eher ein Ausdruck für – die heilige Harmonie ist. Der Kirchenraum, die Liturgie, die Musik oder der schöne Garten können eine Verbindung zu einer anderen Welt sein, einer größeren, vollkommeneren. Gleichzeitig stehen gedankliche Klarheit und kritisches Denken in keinem Gegensatz zum demütigen Glauben. Es gibt einen inneren Zusammenhang zwischen Schönheit, Wahrheit und Liebe. Der Heilige Geist, der Geist der Liebe und der Wahrheit, ist auch der Geist der Schönheit, der die Hand des Künstlers führt. So war es mit Bezaleel, der an Gottes Tabernakel arbeitete (2. Buch Mose 35,31), und so können wir uns inspirieren lassen, zu Ehren Gottes zu singen (Epheser 5,19).

Ein schönes Ding hat deshalb einen ihm innewohnenden

geistlichen Wert, der dem Menschen Gott offenbart und teilhat an der Erlösung und Verwandlung der Welt. Die vom Menschen erlebte Schönheit ist nicht nur ein subjektives menschliches Empfinden, dessen Existenz von einer zufälligen Geschmacksrichtung abhängt. Schönheit ist ein objektives Prinzip in der Welt, und es offenbart Gottes Herrlichkeit. Der Wert der Schönheit wird in keiner Weise dadurch gemindert, daß er sich bestimmen oder in Worten ausdrükken läßt. »Die Schönheit wird die Welt erlösen«, schrieb Dostojewski.

Augustinus berichtete über die Rolle der Kultur in der Geschichte:

> *Die Ägypter hatten nicht nur Götzenbilder und schwere Bürden, von denen Israels Volk mit Abscheu entfloh. Sie hatten auch Gefäße und Zierrat aus Gold und Silber, dazu Kleidung, die das Volk beim Auszug aus Ägypten im Geheimen und der besseren Nutzung wegen für sich beanspruchte, nicht etwa eigenmächtig, sondern weil die nichtsahnenden Ägypter auf Gottes Befehl die von ihnen mißbrauchten Sachen weggaben. Genauso enthalten sämtliche Lehren der Heiden nicht nur freie Phantasien und abergläubische Wahnvorstellungen, also den Ballast unnützer Mühen, den wir alle beim Aufbruch von der heidnischen Gemeinschaft verabscheuen und meiden müssen, sondern auch die freien Wissenschaften, die sich am besten für das neue Leben in der Freiheit eignen. Bei ihnen findet man unschätzbare ethische Regeln und viel Wahres über die Anbetung des einzigen Gottes.*[44]

Wenn die Bibel die ewige Welt oder das Himmelreich beschreibt, benutzt sie immer Bilder aus der Natur und aus dem Gottesdienst. Aber das Himmelreich wird manchmal außerdem mit Hilfe all dessen beschrieben, was im Dasein kunstvoll und schön ist: »Und man wird die Herrlichkeit und die Ehre der Heiden in sie bringen« (Offenbarung 21, 26). So etwas unterstreicht, daß die Kultur teilhat am heiligen Leben. Die Bibelstelle deutet an, daß das beste, was dem Menschen auf Erden an Sitten und Gesängen, Literatur und Kunst, Schauspiel und Architektur begegnet ist, fortgesetzt werden wird. Auf diese Weise ist die Schöpfung ein Teil des spirituellen Lebens. Etwas vor sich hinzustellen, es anzusehen und zu sagen: »Das habe ich gemacht«, ist im Grunde eine spirituelle Handlung.

Es ist kaum möglich, anders über Gott zu sprechen und sich mit ihm zu beschäftigen als durch Andeutungen, Metaphern und Bilder. Die Geschöpfe der klassischen christlichen Kultur – und hier denke ich an alles, von christlichen Symbolen im Gotteshaus, Geschichten auf den Altartafeln über Bachs Choräle, Dowstojewskis Romane bis zu den Psalmenschätzen aus der langen Kirchengeschichte – sind Träger und Vermittler einer Wirklichkeitsauffassung, die zeigt, daß christlicher Glaube und christliches Leben weit mehr ist als ein dogmatisches Vertrauen auf bestimmte Lehren. Aber die Kirchen zeugen auch von dem wortlosen Versinken in Gott – ohne jeden Gedanken. Äußerliche Symbole können den Anstoß zu einem solchen stummen Anbeten geben. Ein paar Takte aus einem Musikstück, einige Zeilen aus einem Psalm oder das Erlebnis, in einer Kirche ganz still neben einer dicken Säule zu stehen, können ein solches wortloses, inneres Vertrauen wecken. Auch dies bereichert das innere Leben.

Teil 2

Innere und äußere Reisen

Die innere Reise mit Hilfe der äußeren – die Pilgerfahrt

Früher oder später muß der Mensch die entscheidendste aller Reise antreten: die Reise zu sich selbst. Diese Reise beinhaltet die schweren Fragen, da kommt man an seine Grenzen. Der Aufbruch ist notwendig, die Stille ist eine Voraussetzung. Vor allem in der zweiten Hälfte des Lebenszyklus sollte der Mensch seine Ziele neu formulieren; die Expansion sollte mit einer reifenden Introvertiertheit kombiniert werden. Man muß aktiv eine Positionsbestimmung vornehmen.

Voraussetzung für diese innere Reise ist das *Abbremsen*. Man muß versuchen, sich den schwersten Rätseln des Daseins zu nähern, nicht um sie zu lösen, sondern um Referenzpunkte zu finden, die zur inneren Reise beitragen, etwas, das der unerträglichen Leichtigkeit des Seins standhält. Die Zerbrechlichkeit des Daseins braucht dann nicht verdrängt zu werden.

Die geistigen Traditionen sind sich einig: Der Mensch muß versuchen, sich eine geistige Stabilität und Integrität zu erobern, bevor das Alter und der Verfall unübersehbar werden. Aber ein jugend-, produktions- und terminkalenderfixiertes Zeitalter läßt selten Raum für solche inneren Reisen. In diesem Zusammenhang sind Rückzugsmöglichkeiten, stille Tage, einsame Bergwanderungen oder Segeltörns auf dem Meer von Interesse.

Um die innere Reise zu unterstützen, haben Menschen zu allen Zeiten Pilgerreisen unternommen. Die heiligen Figuren und Plätze zu besuchen hilft dem Menschen, zu innerer Ruhe zu finden. Ständig sind Menschen aufgebrochen, um für eine Zeitlang das Gewohnte zurückzulassen. Für eine gewisse Zeit Adieu zu sagen und seinen Weg zu gehen, um anschließend zurückzukehren, ist eine Voraussetzung für die Pflege des inneren Lebens. Die Distanz schafft Perspektive.

Die äußere Reise stärkt die innere. Die Hindus pilgern seit Jahrtausenden nach Benares oder Varanasi, auf halbem Wege zwischen Neu-Delhi und Kalkutta. Andere reisen nach Jerusalem, Lourdes in Frankreich oder Fatima in Spanien. Jede Woche versammeln sich Massen von Menschen vor dem Petersdom und lassen sich von Petri Nachfolger, Papst Johannes Paul II., segnen.

Indem man sich an einen heiligen Ort begibt, will man endlich sich selbst erreichen, den Punkt finden, der unerschüttert bleibt, wenn alles andere bebt, will sich annähern an etwas, das mit dem unsagbar Geheimnisvollen im eigenen Leben korrespondiert.

Religion und Reisen sind eng miteinander verbunden. Der religiöse Mensch bricht von etwas auf und befindet sich dann immerfort auf Wanderung. Das Unsichtbare, das er sucht, ist keine Phantasie, auch keine Kompensation für ein graues Dasein, sondern eine Stabilität oder Heiligkeit jenseits der Zeit. Die »innere Wanderung« manifestiert sich ihrerseits durch die »äußeren Wanderungen« der Religionsstifter. Ihre Reisen wurden zum Vorbild für das Leben des frommen Menschen. Moses wanderte um 1200 v. Chr. mit seinem Volk durch die Wüste; »der wandernde Jude« ist zu einem Begriff geworden. Mohammed brach 600 n. Chr. zu einer Reise auf; diese Reise wurde zu einem Vorbild für jeden rechtgläubigen Moslem, der möglichst eine Pilgerfahrt nach Mekka unternommen und die Kaaba umrundet haben sollte (tawwaf). Auch Gautama Buddha brach mit seiner Familie auf und wurde ein Wandermönch (600 v. Chr.).

Und über Jesus berichten die Evangelisten, daß er immer auf Wanderschaft war. Die frühen Christen wurden ganz einfach als »die, die unterwegs sind« bezeichnet. Zu den meistgelesenen Büchern der Welt gehörte lange Zeit John Bunyans *A Pilgrim's Progress* (dt. *Pilgerreise zur seligen Ewigkeit).*

Die heiligen Gestalten wurden durch ihre inneren und äußeren Aufbrüche zu Vorbildern. Die innere Reise, die durch die äußere erfolgt, beinhaltet deshalb drei Reisen: eine Reise nach innen, eine Reise *in der Zeit* – um zeitgleich mit der heiligen Erzählung zu sein – und eine Reise *auf den Spuren* der heiligen Männer und Frauen. Einige unternehmen ihre eigenen Pilgerfahrten, spirituelle Reisen zu Personen, die ihnen viel bedeutet haben. Man reist in der Nachfolge einer wichtigen Gestalt.

Ich selbst habe drei Reisen unternommen – zu jeweils unterschiedlichen Jahreszeiten –, die zu so etwas wie »Pilgerfahrten« wurden. Über diese Reisen berichte ich in den folgenden Kapiteln.

5 | Budapest im November

Über die grundlegende Absurdität des Lebens: den Tod

Wenn ich die kurze Spanne meines Lebens betrachte, die von der Ewigkeit davor und dahinter verschlungen wird, den kleinen Raum, den ich ausfülle oder auch nur sehe, eingehüllt von der grenzenlosen Unendlichkeit der Räume, die ich nicht kenne und die mich nicht kennen, habe ich Angst und frage mich, warum ich hier bin und nicht dort; denn es gibt keinen Grund, warum ich hier sein sollte und nicht dort, jetzt und nicht dann. Wer hat mich hierhin gestellt?

Blaise Pascal, *Gedanken*

Das Abbremsen

Ich bin eine Zeitlang in Budapest. Ich wohne im Stadtteil Pest, nicht weit von dem großen Park Varosliget entfernt. Die Straße heißt Damjanich. An den Abenden gehe ich zur kaum erkennbaren U-Bahn-Station am Hösök tere und nehme den Minizug – er besteht aus zwei Wagen – hinunter zur majestätisch dahinfließenden Donau. Es gibt eine kleine Station nicht weit vom Flußufer. Dorthin fahre ich. Es ist November, aber man kann abends immer noch draußen sitzen und hinüberblicken zu den blauen Bergen auf der Buda-Seite.

Normalerweise ist die Luftverschmutzung so stark, daß man nicht weiter als ein paar Kilometer sehen kann. An diesem Abend jedoch ist es klar – und Vollmond. Die Széchenyi-Brücke ist erleuchtet. Aus der Entfernung sehen die Lampen wie eine gelbrote Perlenkette aus. Zwei kleine, bulldogartige Barkassen schieben Lastkähne unter der Brücke hindurch. Ältere Herren spähen aus zusammengekniffenen Augen nach vorn. Zwischen den runden Luken der Kähne hängt Wäsche. Möwen lassen sich auf dem Fluß nieder, sie sehen aus wie langsam dahintreibende weiße Bojen. Das grauschwarze Wasser wirbelt um die Brückenpfeiler. Ich setze mich in ein Café.

Diesmal hat mein Besuch in Budapest einen besonderen Charakter; das Abbremsen wird augenfällig. Ein Freund, der

hier lebt, ist neulich ganz plötzlich erkrankt. Die Zerbrechlichkeit des Lebens erhält eine unerwartete Konkretisierung.
Die Fragen von Zeit und Ewigkeit wechseln aus den dicken
Büchern der Studierstube hinüber in die leisen Geräusche
des Krankenhauses. Bald werde ich in stillen Klinikfluren sitzen, umgeben von surrenden Apparaten, klappernden Holz-
sandalen und leisen Gesprächen. Eigentlich bin ich als Teil-
nehmer eines wissenschaftlichen Austauschprogramms hier,
das sich mit dem Stellenwert existentieller Fragen in der
Krankenpflege beschäftigt. Aber morgens wache ich früher
auf als sonst. Die Gedanken mahlen: »Warum gerade er, warum gerade jetzt, warum nicht ich?« Er wird es schaffen, er
wird wieder gesund werden. Aber während dieser Zeit in Budapest trete ich eine andere Art von Reise an – die Reise nach
innen.

Die Gasheizung, die fröstelnde Cafégäste aufwärmt, zischt
leise vor sich hin. Das königliche Schloß und die Matthias-
kirche in der Altstadt oben sind erleuchtet. Viele Bauten
wurden durch die Bombardements 1945 zerstört. Jetzt sind
sie restauriert und schimmern wie matte Juwelen auf schwar-
zem Samt. Leute spazieren die Donau entlang.

Wenn ich die Zeitung weglege und die Gedanken schweifen lasse, kehren sie unerbittlich in immer dieselben Bahnen
zurück: ein Mensch in seinen besten Jahren, Kinder daheim,
mitten im Berufsleben stehend, sportlicher Nichtraucher
mit einem kreativen und selbständigen Job. Ein kalter Luft-
zug streift meinen Cafétisch; der Hauch des Todes.

Aber ganz Budapest ist eine Stadt, die großes Leid erfahren hat. Bedrängt von der Roten Armee und Hitlers SS-
Truppen, starben hier während des Zweiten Weltkriegs unzählige Menschen; 1956 wurde der Freiheitskampf abrupt
gestoppt. Doch gleichzeitig findet sich hier ein Lebensstil
des Genießens und der Muße – ein Hauch von orientali-

scher Körperkultur, wohlbewahrt in den großen Badehäusern mit den heißen Quellen. Auch hier gibt es das reiche Angebot der mitteleuropäischen Caféhauskultur, ungefähr so wie in Wien, Prag oder Krakau.

Sporthochschule

Der nächste Tag hält eine Überraschung bereit. Es erscheint mir zunächst wie ein Irrtum, als ich sehe, daß ich eine Vorlesung an der Sporthochschule, Fachbereich Hygiene, halten soll. Während der kommunistischen Zeit oblag der Gesellschaft die Verantwortung für die moralische Erziehung des Menschen. Man las Karl Marx, stand im Morgengrauen auf und machte gymnastische Übungen. Jetzt – sagt mein Kollege – sind die gemeinsamen Werte weggebrochen. Die Politiker denken verstärkt darüber nach, welche ethischen Rahmen eine Gesellschaft zusammenhalten können. Plötzlich ist die Religion wieder aktuell geworden.

»Erzählen Sie uns von den Funktionen der Religion, wir sind eine ganze Generation ohne religiöse Tradition«, sagen die Studenten und machen sich fleißig Notizen. Wie soll man sich zu der geistigen Verirrtheit verhalten, die sich bei einer Generation eingestellt hat, die nichts über Religion weiß, gleichzeitig aber das große politische Projekt hat untergehen sehen und nun der »McDonaldisierung« des Daseins mißtrauisch gegenübersteht? Denn es kann doch wohl nicht alles auf gesellschaftliches Zusammenspiel, ökonomische Kräfte oder politische Versuche reduzierbar sein? Was ist eigentlich Spiritualität?

Eines meines Bücher ist ins Ungarische übersetzt worden. Ich starre mit großen Augen auf den Text. Ein Fachausdruck hier und dort ist wiedererkennbar, alles übrige ist unverständlich. Ich befinde mich in einem großen Saal der medizinischen Fakultät. Traditionell ist die ungarische Psychiatrie hauptsächlich biologisch orientiert. Die unterdrückten ungarischen Kirchen ihrerseits waren nicht interessiert an den religiösen Erfahrungen; sie konzentrierten sich mehr auf die Dogmatik und führten einen theologischen Grabenkrieg gegeneinander. Gerade deshalb, sagen die Studenten, ist mein Forschungsgebiet so interessant. Es kann zwischen einer altertümlichen Psychiatrie und einer dogmatischen Theologie vermitteln.

Wir unterhalten uns abwechselnd auf deutsch und englisch und zerbrechen uns die Köpfe über Texten von Blaise Pascal, Zygmunt Baumann und Sigmund Freud. Noch vor wenigen Jahrzehnten waren Themen wie Psychoanalyse und Religionspsychologie vom Regime verboten. Die Christen waren kaltgestellt. Die Psychiatrie war repressiv – politische Widersacher erhielten die Zwangsjacke. Regimekritiker wurden ruhiggestellt. Jetzt befindet sich ein Café in der ehemals geschlossenen Abteilung. Aber die Schlösser an den Türen zu den anderen Räumen sind massiv. Der Schlüsselbund, den mein Gastgeber trägt, ist schwer wie jener im Film *Einer flog übers Kuckucksnest*. Und ich denke: Es liegt nur ein Schritt zwischen uns und der Barbarei.

Die Vorhalle zu Leben und Tod

Der Straßenbahnwaggon schaukelt auf kreischenden Rädern durch die Kurven hinunter in die Stadt. Ich erreiche das Krankenhaus genau zu Beginn der Besuchszeit. Während ich durch den schönen Park gehe, denke ich daran, wie unsere Kultur den Tod in gewisse Bereiche abgeschoben hat: Krankenhauszimmer, Bestattungsinstitute, Beerdigungen, Todesanzeigen oder Friedhöfe. Und am liebsten hätten wir, daß er dort bleibt, daß wir ihn wegsperren, unter den Teppich fegen, aus unserem Gesichtsfeld verbannen können. Aber er kriecht unter den Rändern und Kanten hervor. Manchmal bekommen wir einen kleinen Einblick in das Leid, wenn wir eine Dokumentation im Fernsehen sehen. Sobald es zu quälend wird, schalten wir um. Aber in der erzwungenen Stille – wenn nichts anderes stört – kann es passieren, daß die schwarzen Vögel des Todes sich neben uns niederlassen.

Noch vor wenigen Jahren blieben die Menschen in stummer Ehrfurcht stehen, wenn ein Trauergefolge an ihnen vorüberzog. Die Männer nahmen die Hüte ab. Der lange Zug brachte die Vergänglichkeit des Daseins in Erinnerung. Die Trauernden waren in Schwarz gekleidet. Trauerflor und schwarze Armbinden waren hier und da in der Menge zu sehen; diese Symbole der Trauer brachten die Illusion, daß das Leben ewig währt, zu Fall. Jede Kultur hatte ihre Markierungen für die tragische Kehrseite des Lebens. In manchen ländlichen Gegenden ist das immer noch so. Woanders sind Schwarz und Grau heute die beliebtesten Modefarben – Symbole für Stil und Eleganz. Auf Todesanzeigen steht nicht selten: »Bitte keine Trauerkleidung.« In Schweden dauert eine Beerdigung in der Regel eine halbe Stunde.

Es besteht die Tendenz, den Tod unsichtbar zu machen. Ein vorbeijagender Krankenwagen erschreckt uns meist, aber schnell ist er wieder aus unserer Wahrnehmung verschwunden. Bewußter wird der Tod, wenn ein Angehöriger oder wie jetzt ein Freund betroffen ist. Aber nicht einmal dann will oder kann man verstehen, daß der Tod Realität ist. In der Antike übte man sich in der *Ars moriendi* (der Kunst zu sterben). Wohin ist diese Kunst entschwunden?

Bestimmte Berufsgruppen einmal ausgenommen, haben nur sehr wenige Menschen einen Toten gesehen, geschweige

denn einen berührt. Der Tod betrifft meist jemand anderen.
Dabei scheint er paradoxerweise gegenwärtiger denn je zu
sein, wenn auch als spannungssteigerndes Element in Krimis
und Seifenopern. Und ich denke: Vielleicht dämpfen wir
unsere eigene Todesangst dadurch, daß wir das Sterben anderer auf dem Fernsehschirm oder auf der Kinoleinwand betrachten – aus gehörigem Abstand und begleitet von Musik.
Massentode oder blutige Gewalt überdecken unsere eigene
Furcht. Der Tod taucht in den Nachrichten auf, in Berichten über unfaßbare, entsetzliche Natur- und Hungerkata-
strophen ebenso wie über menschliches oder technisches
Versagen. Die »Estonia« geht unter, und Flugzeuge stürzen
ab. Der Tod passiert meist »dort«, nicht »hier«.

Ich gehe durch lange unterirdische Flure und versuche,
das Ungarische zu deuten, diese seltsame Sprache. Aufzüge
schweben hohe Gebäude hinauf und wieder hinab, und
schließlich bin ich da, wohin ich wollte. Ein Krankenhaus
hat nichts Heiteres. Hier spielen keine Geigen. Hier herrscht
verhaltene Eile, man unterhält sich leise. Sachte werden Bet-
ten über Korridore und in Zimmer geschoben. Das Geräusch von Gummisohlen ist zu hören. Im Hintergrund eine Art leises Summen. In der Röntgenabteilung warten Leute. Leises Lachen, ein Kind ruft nach seiner Mama. Ich sitze
auf einem Stuhl mit gelben und roten Streifen. Vielleicht ist
er aus dem IKEA-Warenhaus, das an der Straße zum Flugplatz Ferihegy liegt. Die Einrichtung ist spartanisch. Wenige
Kiefernholzmöbel, sauber gewischte Fußböden.

Ein Gefühl von Unwirklichkeit drängt sich auf. Mein
Freund ist weiß wie ein Laken. Er erzählt mir, wie kompliziert der Infarkt ist; keiner von der Sorte, die man einfach so
mit einer Handbewegung abtut. »Ich hätte nie gedacht, daß
mir das mal passiert«, sagt er immer wieder.

»Es ist irgendwie absurd. Erst vorgestern haben wir lange

Gespräche über alles mögliche zwischen Himmel und Erde geführt. Über Forschung, Philosophie, Psychoanalyse, Musik, Freundschaft, über Gott und die Welt, Leben und Tod, und jetzt das. Gerade eben noch war das Leben voller Gelächter. Ich habe E-Mails verschickt und empfangen, kaum begreiflich in ihrer knappen Form. Ich dachte, ich kenne mich mit allem aus. Aber wenn man selbst hier liegt, ist man so schutzlos. Weißt du noch, wie wir neulich beim Kaffee beisammensaßen, als der Regen gegen die Fenster schlug und wir über die intrapsychologische Funktion der Religion diskutierten? Als ob theoretische Gedankengänge und brillante Thesen uns retten könnten, wenn es wirklich darauf ankommt. Freud und die Sozialkonstruktivisten werden seltsam stumm in diesem Gebäude.« Er schweigt, sieht mir lange direkt in die Augen und sagt dann tiefernst: »Ich will nicht sterben!«

Ich bleibe lange sitzen. Aber wir reden nicht viel. Alle Theorie verblaßt – sein Herz ist schwach. Ich fühle mich erbärmlich. Was soll man sagen, wenn es ernst wird? Und wo ist mein Glaube geblieben? Sicher, ich bin überzeugt, daß es eine allumfassende Barmherzigkeit in all dem Schweren gibt. Aber während wir über eine eventuelle göttliche Realität diskutieren, beginne ich mich zu fragen: Ist das, was ich über Ewigkeit und Vertrauen sage, nur eine Art, mich selbst mehr zu beruhigen als meinen Freund?

Er freut sich, daß ich bei ihm geblieben bin und nicht versucht habe, irgend etwas zu erklären. Ich verabschiede mich und gehe. Auf dem Flur rufe ich meine Familie an und erkundige mich, ob alles in Ordnung ist. Wenn es wirklich ernst wird, werden uns unsere Gefühle und die Zuneigung zu denen, die wir lieben, viel bewußter. Wieder einmal bewahrheitet sich die alte Weisheit: »Der Gesunde hat viele Wünsche, der Kranke hat nur einen.«

Ich gehe in die kleine Kapelle der Klinik, zünde ein paar Kerzen an, bete still, lege meine Besorgnis in die Hände des Allmächtigen. Gleichzeitig plagen mich die ganze Zeit Zweifel. Bete ich zu meinen eigenen Einbildungen? Sind meine Vorstellungen von dem Anderen nur Projektionen, Wunschträume, die von einer gequälten Seele zusammengewoben wurden? Sind die Vorstellungen, daß es da den Einen gibt, der Verfall, Krankheit und Tod widersteht, nur Abwehrmechanismen, ein Trost für das tapfere Herz? Wer ist ermächtigt, darauf zu antworten? Nur ein Gott kann sein eigener Garant sein. Die Theologie nennt dies Gottes *Aseität*.

Als ich das Krankenhaus verlasse, fallen mir die Debatten nach einer Seminarveranstaltung in der letzten Woche ein. Zusammen mit den Studenten hatten wir uns die Köpfe heißgeredet, hatten viel gelacht und gut gegessen. Wir hatten alle möglichen Themen auseinandergenommen, von der neutestamentarischen Darstellung des Todes als Gewinn bis hin zu Albert Camus' Sichtweise des Selbstmordes. Aber angesichts des physischen Leidens sind theologische Diskurse kaum hilfreich. Sich im Vorzimmer des Todes zu bewegen, aktiviert unsere eigene unbearbeitete Trauer über die Grausamkeit des Lebens. Ein innerer, leise mahnender Ton wird hörbar.

Das Unfaßbare

Ein paar Tage später gehe ich wieder hin. Meinem Freund geht es bedeutend besser. Er sitzt überraschenderweise mit einer Zigarette in der Hand in einem Sessel und bläst langsam den Rauch aus. Auf dem Tisch liegt ein Buch von Zygmunt Bauman.

Während der Herbstregen gegen die Fensterscheiben prasselt, unterhalten wir uns über unsere Versuche, »den Tod auszusperren«. Sicher, sagt er, ist es so, daß man das *Absurde bändigen* kann, indem man behauptet, daß der Gedanke an den Tod – oder eher: das Bewußtsein der Sterblichkeit – die ureigene Voraussetzung für kulturelles Schaffen ist. Künstlerisches Arbeiten scheint etwas mit Überleben zu tun zu haben, damit, den Augenblick des Todes aufzuschieben, den Lebensweg zu verlängern, die wahrscheinliche Lebensdauer zu erhöhen. »All diese Artikel, die man schreibt, welchen Wert haben sie?« fragt er rhetorisch. »Ich werde jedenfalls keine Freude mehr daran haben, denn mein Bewußtsein wird mit größter Wahrscheinlichkeit verdunstet sein.«

Er bezieht sich auf Bauman. Indirekt macht der Tod die Dauerhaftigkeit zu einer Aufgabe. Die Kultur mit ihren Phantasien und Projekten sucht die Beständigkeit, die dem Leben ständig verlorengeht. Der Versuch des Individuums, einen Abdruck in der Zeit zu hinterlassen, ist eigentlich eine Art trügerisches Ablenkungsmanöver – eine existentielle Flucht. Aus der Perspektive des einzelnen arbeitet die riesige und ständig tätige *Dauerhaftigkeitsfabrik* die ganze Zeit gegen den Wind. Alles wird von der Zeit, der großen Zerstörerin, vernichtet werden. Wir betrügen uns selbst, wenn wir so tun, als wären wir froh darüber, daß es bestimmte Dinge gibt, die wir nicht mit ins Grab nehmen können. Doch gerade darin liegt eine Art *Verführung*. Man läßt sich verführen von dem Glauben, daß das, was einem wichtig ist, nicht vergehen wird. Aber der Tod wird, wenn er kommt, unsere Arbeit brutal beenden, bevor sie vollendet ist, bevor unsere Mission erfüllt ist. Wir selbst werden die Erfüllung nie erleben.

Bauman meint, daß es kaum einen unbehaglicheren Gedanken gibt als den Gedanken an den Tod beziehungsweise an die Unausweichlichkeit des Todes. Der Gedanke an unser nur zufälliges In-der-Welt-Sein, an das absolute Provisorium unseres Daseins, bleibt unzugänglich. Gleichzeitig trotzt die Einsicht in den Tod radikal und unwiderruflich unseren Verstandesgaben. Der Tod ist die endgültige Niederlage der Vernunft. Deshalb bleibt der Gedanke an den Tod ein Widerspruch in sich. Freud sagte, daß es in Wirklichkeit unmöglich sei, sich seinen eigenen Tod vorzustellen, weil wir faktisch zu Zuschauern würden, wann immer wir es versuchten.

Diesmal dreht sich unsere Unterhaltung im Kreis, nach Gesprächsthemen tastend. Die Gedanken fliegen umher, ohne sich niederzulassen. Eines fällt auf: in einem Krankenhaus wird man zur Langsamkeit gezwungen. Brutal – sicher –, aber sachlich und unsentimental. Mein Freund bittet mich, ein Becken zu holen, für den Fall, daß er sich übergeben muß.

Als ich die Klinik verlasse, komme ich an der Abteilung für Gynäkologie und Geburtshilfe vorbei. Dort gehen junge Mütter mit wiegendem Gang auf und ab und schieben ihre Neugeborenen im Kinderbettchen vor sich her. Mit geheimnisvollen Augen blinzeln die Babys ins Licht.

Ein frischgebackener Vater raucht stolz eine Zigarette im Treppenhaus. Er ist gutgelaunt und redselig und besteht darauf, daß ich mit ihm feiere. Als er hört, daß ich mich mit Religion beschäftige, wechselt er plötzlich die Gesprächsrichtung. Er erzählt, daß er geweint habe, als er sein Kind zum erstenmal im Arm hielt. Er habe ein Wunder gesehen. Wie kann es angehen, daß aus einer Umarmung, die einige Monate zurückliegt, ein Kind erwächst, ein lebendiger Mensch mit ernsten Augen? Ist nicht die Klinik eine Fabrik für Wunder und Verwunderung? Wo war mein Kind denn, bevor es gezeugt wurde?

Er sagt, daß er Gott danken müsse: dem Spender aller guten Gaben. Nur dem *Leben* zu danken erscheint ihm so armselig; es müsse doch wohl eine göttliche Macht hinter diesem Wunder stehen? Er bietet dem Oberarzt eine dicke Zigarre an und beginnt ein Lied aus seinem Dorf zu singen. Er erkundigt sich, ob es eine Kapelle auf dem Gelände gibt, und geht zum Kiosk, um eine Kerze zu kaufen, die er anzünden will. Das Krankenhaus als wunderbares Vorzimmer zum Leben – nicht nur zum Tod. Aber was bleibt, ist das Unerklärliche – das Geheimnis von Anfang und Ende.

Café New York –
wo ist der Abschaltknopf?

Eines Tages gehe ich in das riesige Café New York. Hier spielt ein Pianist, dessen Nase scharf und leicht gekrümmt ist. Gut zwei Stunden lang spielt er ununterbrochen. Dann macht er Pause, zündet sich eine Zigarette an und geht auf einen Spaziergang hinaus. Das Interieur ist überladen. Es sieht aus, als habe man Details aus dem Petersdom in Rom genommen und sie mitten in der ungarischen Hauptstadt plaziert. Die gewundenen Säulen am Eingang ähneln Berninis Hochaltar. Das Lokal wirkt abgenutzt; die steinernen Treppenstufen sind in der Mitte ausgetreten. Schwere Gardinen hängen vor riesigen Fenstern, die Spiegel tragen goldene Rahmen. Auch hier gibt es Springbrunnen, plätscherndes Wasser. Die gesamte Einrichtung ist in grünen Farben gehalten. Die Kellner eilen hoch erhobenen Hauptes durch den Raum; es sieht aus, als bewegten sie sich auf Rollschuhen. Sie beugen nicht den Kopf, sondern den Oberkörper, und sie duften schwach nach Herrenparfüm. Die Kerzen in den riesigen Kandelabern sind fast heruntergebrannt. Hier saß auch Thomas Mann und schrieb an seinen Büchern.

Der alte Pianist spielt *Take Five, Besame mucho* und die Titelmelodien aus den Filmen *Der Pate* und *Doktor Schiwago*. Spärlicher Applaus. Das Piano ist etwas verstimmt. Der Mann trägt weiße Socken, über seine Wangen zieht sich ein Netz aus feinen roten Äderchen. Es liegt ein Hauch von Vornehmheit über ihm. Ein Student schreibt – tief versunken – etwas in ein abgegriffenes Notizbuch. Sein Blick ist nach innen gerichtet. Leise Gespräche steigen von den Tischen auf. Der Student kaut an seinem Stift.

Ich versuche ein Buch zu lesen, nachdem ich einen »Fiaker« bekommen habe, eine Tasse Kaffee mit Rum und Zukker, aber eine unerwartete Kindheitserinnerung taucht auf und stört meine Lektüre. Als Kind habe ich mir immer gewünscht, daß es einen Knopf zum Abschalten gibt. Mit einer einfachen Handbewegung könnte ich dann der Einsicht in meine eigene Endlichkeit entgehen. Dieser Wunsch vertiefte sich in der »blauen Periode« meiner Jugendzeit, der Zeit, wenn man das Elternhaus verläßt, aber noch nicht durch Partnerschaft, Familie, Beruf und Verpflichtungen gebunden ist. Wie viele andere las ich Hermann Hesse und hörte Miles Davis.

Dieser naive Wunsch hat sich bis heute erhalten. Zu wissen, daß es keinen Abschaltknopf gibt, hat es mir nicht leichter gemacht. Die ewigen Fragen sind eben ewig. Vielleicht ist gerade das nicht nur mein grundlegendes Problem, sondern das der ganzen Menschheit. *Wir wissen,* daß wir sterben werden. Diese Tatsache verurteilt eigentlich von vornherein alle Überlebensversuche zum Scheitern – wenn wir uns auf die Perspektive des Individuums beschränken. Aus psychologischer, evolutionsbiologischer oder kultursoziologischer Perspektive hinterläßt jeder Mensch sicherlich eine Menge Spuren im Dasein. Aber was habe gerade ich davon? Die Einsicht, daß wir sterben werden, hemmt uns und läßt selbst die großartigsten menschlichen Projekte eitel, pompös und absurd erscheinen. Ist der Kummer darüber Egoismus?

Und ich frage mich, was der Tod beinhaltet. Schon der Gedanke widersetzt sich uns. Sobald wir versuchen, den Blick darauf zu richten, sind wir bei den Vorstellungen, die Philosophen und Theologen diesem »Platz« *zuschreiben;* ihm wurden alle möglichen Namen gegeben, Himmel, Leere, Ruhe, Fegefeuer, Ewigkeit, Erlöschen oder Wiedergeburt. Viele glauben, andere hoffen, die meisten drücken sich vor der Frage. Aber wer *weiß?* Wer ist dazu ermächtigt, zu antworten? In meinem eigenen Inneren ruht meist eine stille Gewißheit über Gottes Realität. Aber dieser Gedanke ist weder logisch noch empirisch überprüfbar. Er ist ein existentielles Vertrauen. Allzu selten wird es in Frage gestellt. Während dieser Tage in Budapest schwanke ich angesichts der Kehrseite der Antwort.

Wie spricht man über den Tod? Da spielen natürlich mehrere Faktoren mit hinein: wer darüber redet, in welchem Zusammenhang und unter welchen Umständen das Thema berührt wird. Gedanklich können *der Tod* und *die Todesangst* vielleicht auseinandergehalten werden, aber in der Realität fließt beides ineinander. Das eine ist ein biologisches Aufhören, das andere die menschliche Reflexion und Reaktion darauf.

Ein Kind, das zum erstenmal begreift, daß Mutter und Vater einmal sterben werden, bekommt manchmal eine grenzenlose Angst. Einem Jugendlichen, der in einer sternenklaren Nacht in den Himmel schaut und darüber nachdenkt, wie viele Millionen Jahre schon verstrichen sind und wie viele noch folgen werden, kann ganz schwindelig werden angesichts der Erkenntnis, daß das Leben nur ein kurzes Aufblitzen ist. Die Wehmut und vage Trauer der Jugend wird mit der Zeit überdeckt. Arbeit und Familie fordern ihr

Recht. Aber irgendwo liegt diese Trauer noch in uns, vergraben wie in einer versteckten Jackentasche. Hier und da steigt die Trauer hoch, nicht zuletzt in der Stille. Ungefähr so wie während dieser Tage in Budapest.

Ich blicke mich im Café um. Die Deckenmalereien stammen von Gustav Mannheimer. Den meisten entgehen sie, weil man so fasziniert ist von dem vergoldeten Prunk und den Plüschsesseln. Aber hoch über unseren Köpfen schwebt sie: die nackte Nymphe. Sieht man ganz genau hin, entdeck man, daß sie ein Modell der New Yorker Freiheitsstatue trägt, daher der Name des Cafés.

Eine Frau sieht immer wieder auf die Uhr, während sie zerstreut in einer Zeitschrift blättert. Häufig wirft sie einen Blick zum Fenster. Offenbar wartet sie auf jemanden. Aber niemand kommt. Sie geht zur Damentoilette. Sie kommt zurück, bestellt noch einen Kaffee. Sie schaut wieder in ihre Zeitschrift; sie zündet sich eine Zigarette an, sie drückt die Zigarette aus. Nach einer Stunde starrt sie immer noch durch die hohen Fenster nach draußen. Es wird dunkel. Ihr Bild spiegelt sich in den Scheiben. Die Scheinwerfer der Autos werfen ihre Kegel in den Raum. Zum Schluß sitzt sie ganz still, der Kaffee ist kalt geworden, ebenso ihr Blick. Nach zwei Stunden verläßt sie das Café.

Im stillen wird der Anzug genäht

Es vergehen ein paar Wochen, und mein Freund wird langsam wieder gesund. Das akademische Leben geht weiter. Seminarräume, Kreidestaub und schwere Bücher. Kurze kritische Essays sollen untersucht werden, und ich bespreche Stundenpläne, Arbeitsaufgaben und Fallanalysen. Gleichzeitig – unter der Oberfläche – ist da ein Riß in der Mauer. Er

ist nicht nur da, er ist sichtbar. Und ich erinnere mich an Tomas Transtömers kondensierte Worte: »Mitten im Leben
geschieht's, daß der Tod kommt und am Menschen Maß
nimmt. Diesen Besuch vergißt man, und das Leben geht
weiter. Doch im stillen wird der Anzug genäht.«[1]

Und ich lese bei Zygmunt Bauman, daß der Tod manchmal *unter eigenem Namen* auftritt: im Krankenhaus, auf dem
Friedhof, im Krematorium, bei Begräbnissen, in Todesanzeigen und auf Grabsteinen. Aber der Tod übt seinen vielleicht
stärksten (und schöpferischsten) Einfluß aus, wenn er *unter
anderem Namen* auftritt; in Bereichen, die nicht ausgespro-
chen etwas mit ihm zu tun haben. Gerade dort, wo es uns
gelingt, so zu leben, als ob der Tod nicht existiert oder zumindest nichts bedeutet, können wir aufatmen. Auf diese
Weise erhalten wir Trost. Die Religion kann als eine Arena
für Selbstbetrug angesehen werden. Man kann das Ganze
aber auch umdrehen. Sind nicht Mythen, Riten, Symbole
und Geschichten über das Zusammenspiel von Gott und
Mensch eher eine Art riesiges kulturelles Therapiesystem?
Sie können die Gedanken an das Unerträgliche beherbergen
– aber verleugnen können sie es nicht.

Wenn du einem Durchschnittsmenschen die Lebenslüge
nimmst, nimmst du ihm gleichzeitig das Glück, sagt Doktor
Relling in Ibsens *Wildente* sinngemäß. Aber müssen die Gedanken an Ewigkeit, Seligkeit, Wiedersehen – diese große
Freude – Selbstbetrug sein? Was, wenn man das Ganze um-
drehte und einer theozentrischen Wirklichkeitsauffassung
folgte, das heißt, wenn man behauptete, daß sich das Dasein
um Gott drehte und nicht um den Menschen? Das ist es
doch, worauf der Christ sein Vertrauen baut.

Der Tod in seiner unerbittlichen und unbestechlichen
Unverblümtheit, ein Tod, der das Bewußtsein aufhören läßt
– ist die *äußerste Absurdität* und gleichzeitig die *äußerste*

Wahrheit. Weder in die Sonne noch in den Tod kann man
hineinsehen – mit unverwandtem Blick. Aber es ist möglich,
den Tod zu beschwören. In der prämodernen Gesellschaft
»zähmte« man den Tod durch Riten und Mythen. In der sä-
kularisierten Gesellschaft scheinen wir den Tod eher durch
die *tägliche Sorge um die Gesundheit* abzuwehren oder einzu-
kapseln. Gesundheit, Körper und Wohlbefinden sind zur
neuen Religion geworden. Die eigene Person ist unser Projekt, körperliche Anzeichen des Alterns fassen wir als persönliche Kränkung auf. Um den Gedanken an die eigene
Auflösung zu entgehen, kämpfen viele darum, jung, schön
und gesund zu bleiben. Das weitverbreitete Interesse an Gesundheit und Jugend ist vielleicht eine Reaktion auf die verdrängte Erkenntnis der Endlichkeit.

Der Tod ist nicht nur die äußerste Demütigung, er unter-
gräbt gleichzeitig das Vertrauen in den Intellekt. Er verkündet lautstark die Unzureichlichkeit der Vernunft. Er gibt uns
eine Angst ein, die letztlich das, was die Vernunft an Trost zu
bieten hat, zunichte macht. Fast alles an menschlicher Kultur kann als eine Art fabrizierter Protest gegen die natürliche
Wirklichkeit angesehen werden, als ein Leugnen der Wahrheit über die menschliche Lage, als ein Versuch zu vergessen.
Man beschönigt den Tod, indem man Worte gebraucht wie
»entschlafen«. Statt vom Sterben zu sprechen, sagt man »das
Zeitliche segnen«, »heimgehen« oder, sehr viel salopper, »den
Löffel abgeben«. Während der Zeit in Budapest merke ich,
daß man gar nicht aktiv werden muß, um den Tod zu verleugnen. Die Verdrängungsmechanismen stellen sich ganz
automatisch ein.

Die heißen Bäder

Jazzclubs und Konzerthäuser gibt es viele in Budapest, und einige Klezmermusiker sind sehr erfolgreich. Ich sitze an einem bleichen Herbsttag im Park. Während ich mich umsehe, geht mir durch den Sinn, daß meine Eindrücke von der Stadt durch meine grauen Gedanken gefärbt werden; sie projizieren sich auf die schutzlose Stadt. Budapest ist absolut nicht nur ein Ort des Ernstes. Es ist eine moderne Großstadt, mit Tempo und einer eleganten Atmosphäre. Neue Gebäude schießen in der wachsenden Marktwirtschaft aus dem Boden. Aber hier findet sich auch Platz für die andere Seite der Langsamkeit: für Muße und Lebensgenuß.

»Sie müssen sich Ruhe gönnen«, sagt ein alter Mann zu mir, der im Park die Tauben füttert. Er hat bei der Eisenbahn gearbeitet und ist seit einigen Jahren pensioniert. »Ihr arbeitet zu viel in eurer Universität. Für euch zählt anscheinend nur der Kopf. Und was ist mit dem Rest? Haut, Schultern, Rumpf – ganz zu schweigen von den Knien. Warum müßt ihr nur immer so nützlich sein?« Er hält mir einen kleinen Vortrag darüber, wie ungesund es ist, niemals an seinen Körper zu denken. Er sagt, daß dieses ganze Muskeltraining in hektischen Fitneßstudios doch eher schädlich als nützlich sei.

Er gemahnt mich daran, daß Budapest an den Orient grenzt, wo Massage, Wärme, Düfte, Öle und Bäder hochgeschätzt werden. Ein Vorzug der Stadt liegt unter der Erde: Aus natürlichen Quellen in 700 Metern Tiefe steigen jeden Tag 50000 Kubikmeter heißes Wasser an die Oberfläche. Das reicht aus, um rund dreißig Bäder mit Wasser für durchschnittlich 300000 Badegäste pro Tag zu versorgen.

Die verschiedenen Bäder sind wie die Cafés der Stadt. Keines gleicht dem anderen. Die Intellektuellen, die ihr

Diskussionsforum im Café Hungaria haben, sind oft im Lu-
kács-Bad anzutreffen. Ihre Gespräche werden nicht durch
Bier oder Wein aufgelockert, sondern durch gemütliche
Schwimmrunden. Das Bad des Hotels Gellért ist für Touristen und gut betuchte Besucher geöffnet. In seiner Ein-
gangshalle fällt das Sonnenlicht durch das Glasdach und
spielt mit den Farben des Fußbodenmosaiks. Am Karten-
schalter geht es darum, sich für die richtige Kombination zu
entscheiden: »Badekappe oder nicht, Kabine oder nicht,
Fichtennadelduft oder nicht, Schlammpackung oder nicht,
Massage oder nicht?«

Es ist ein richtig kalter Tag, und es regnet, als ich be-
schließe, dem Rat des alten Mannes zu folgen. Die Existenz-
fragen wohnen in einem Körper, der auch sein Recht verlangt. Ich begebe mich zum Széchenyi-Bad, welches das
ganze Jahr geöffnet ist und von jährlich zwei Millionen (!)
Badenden genutzt wird. Es gibt verschiedene Becken mit
Wassertemperaturen von 20, 25, 30 Grad. Man kann trotz
der Kälte in den Außenbecken baden. Das schwefelhaltige
Wasser hat konstant 37 Grad, unabhängig von der Lufttem-
peratur. Es ist ein merkwürdiges Erlebnis. Wenn man in das
Becken gestiegen ist, muß man ab und zu bis über die Nasenspitze eintauchen, damit auch sie warm bleibt. Drinnen
in den Hallen stehen die Leute zuhauf, nachdem sie im
Dampfbad waren. Manche warten darauf, daß sie von Frau-
en mit kräftigen Schenkeln und üppigen Leibern durchge-
knetet werden. Zurückgelehnt stehen die Männer da und
diskutieren mit kleinen Gesten. Ihre behaarten Bäuche hängen wie Säcke herab. Das hier ist die Kultur der Langsamkeit. Leises Lachen. Ruhige Bewegungen.

Manche stehen im Becken ganz still direkt unter einem
kräftigen Wasserstrahl. Warm bis heiß steigt er aus den Ein-
geweiden der Erde hoch und sprudelt aus dem Maul eines

grünbraunen Bronzelöwen. Er massiert schmerzende Schultern oder Rücken; sanft, aber effektiv. Einige Leute haben Proviantkörbe dabei, sie sitzen plaudernd an den Beckenrändern oder in den Sesseln, die in Gruppen vor der Sauna stehen.

Ich reiße mich los aus der behaglichen Wärme der Sauna und taste mich durch den Dampf hinaus zum Wasserbecken. Die Luft ist bitterkalt. Die Tiefe des Beckens beträgt 160 cm. Nach kurzer Zeit stütze ich den Hinterkopf gegen die Beckenkante, lasse mich im warmen Wasser treiben, während es regnet und der Wind schneidend bläst. Viele stehen zusammen im Wasser, andere machen ein paar Schwimmzüge. Hier traut man sich, seinen Körper zu zeigen, ganz gleich, ob er zu enormen Dimensionen angeschwollen, von Rheuma gekrümmt oder von blauen Krampfadern durchzogen ist. Das hier sind Menschen, die sich nicht dafür schämen, daß sie Menschen sind. Ich lese an Schildern ab, daß das kalte Bad *frigidarium* heißt, das lauwarme *tepidarium* und das heiße *caldarium*. *Laconium* ist der Name für das Dampfbad. Auf einem Schild steht, daß es dieses Heilbad schon in der Römerzeit gab. Dann gleite ich durch das Wasser und werde eins mit der Menge. Gegenüber sitzt ein älterer Mann und macht Gymnastik, ein anderer massiert sich die Haut mit der Handfläche, damit das mineralhaltige Wasser bis in die kleinste Pore dringt. Hier und dort reckt eine Frau ihre Arme in die Luft, streckt den Rücken und geht dann hinaus zu einem der kühleren Becken. Der aufsteigende Dampf riecht nach Eukalyptus. Nein, Sorgen, schwere Gedanken und Kümmernisse werden nicht zerstreut, sie sind immer noch da. Aber sie werden wattiert von einer Ruhe, die tief körperlich ist. Das Futteral der Seele erhält eine Massage.

Im flachen Wasser spiele ich Schach mit einem älteren Mann. Er hat grauweißes, kräftiges Haar im Bürstenschnitt.

Seine Hände sind breit wie Schaufeln, die Bewegungen lebhaft. Er hat ein dröhnendes Lachen. Ich sehe, daß eine Nummer auf seinen Arm tätowiert ist. Die Wangen glänzen, und der Schnurrbart ist naß. Er ist ein wieselflinker Spieler. Unser Spiel endet remis.

Lange sitzen wir so im warmen Wasser. Wer sich aus dem Becken wagt, läuft schnell durch die Regenschauer nach drinnen. Aber wir bleiben sitzen. Als ich ihn bitte, mir etwas über die jüngere Geschichte der Stadt zu erzählen, wird sein großflächiges Gesicht plötzlich starr. Als er stoßweise vom Terror der stalinistischen Zeit und von der Angst in der Stadt erzählt, gehen die Seufzer in ersticktes Weinen über. Sein Sohn verschwand im Zusammenhang mit den Ereignissen von 1956 spurlos. Sein Vater starb gegen Ende des Krieges in dem Ghetto, das mitten in der Stadt errichtet worden war, vor seinen Augen. »Du mußt hingehen«, sagt er mir. Seine Frau liegt im Krankenhaus. Die Kinder schicken Geld aus dem Westen. Es ist ein kalter Novembertag, es nieselt, und die Dämmerung senkt sich auf die Großstadt herab. Es liegt nur ein Schritt zwischen uns und der Barbarei.

Es geht nicht um mich

In Budapest trage ich ein Buch von Blaise Pascal bei mir. Einige Zeilen sind mir gerade jetzt besonders wichtig und dürfen ruhig wiederholt werden:

Wenn ich die kurze Spanne meines Lebens betrachte, die von der Ewigkeit davor und dahinter verschlungen wird, den kleinen Raum, den ich ausfülle oder auch nur sehe, eingehüllt von der grenzenlosen Unendlichkeit der Räume, die ich nicht kenne und die mich nicht kennen, habe ich Angst und frage mich, warum ich hier bin und nicht dort; denn es gibt keinen Grund, warum ich hier sein sollte und nicht dort, jetzt und nicht dann. Wer hat mich hierhin gestellt?[2]

Ich denke, daß es verschiedene Arten gibt, mit der Ambivalenz gegenüber der Absurdität des Todes umzugehen. Die erste ist, die Toten *auszuschließen*. Man tut etwas, damit sie nicht existieren. Der Mensch hatte zu allen Zeiten bestimmte Bräuche, welche die Toten unsichtbar machen. Sie werden beschwört, sich fernzuhalten, begraben, gebeten, nicht zu stören. Eine moderne Variante davon ist, dem Krankenhaus die Verantwortung für die Sterbenden zu überlassen. Anschließend kümmern sich die Bestattungsexperten um die Unseren, damit sie taktvoll aus unserer Sichtweite verschwinden. Gleichzeitig verschwinden sie aus unserem Bewußtsein.

Die zweite Art ist, die Endgültigkeit des Todes zu *verleugnen*. Vielleicht gibt es zwei Arten des Leugnens. Die erste nennt Bauman die metaphorische Permutation der natürlichen Ordnung; das Irdische bedeutet nicht viel, weil es so viel anderes gibt, was wichtig ist. Manche religiöse Traditionen behaupten, das Individuum gehe in eine kollektive spirituelle Realität ein; das ist die hinduistische Antwort: Die einzelne Seele ist Teil des kosmischen Urmeeres. Andere verfechten den Glauben an die individuelle Weiterexistenz durch die Auferstehung des Körpers und ein ewiges Leben. Das ist die Haltung des christlichen Glaubens, in dem ich selbst mich am ehesten heimisch fühle.

Du bist der einzige

An den Abenden spaziere ich hinunter zu Budapests Ufer-
promenade. Fest in den Boden eingelassen, stehen dort eine
Menge schöner Bronzesessel. In ihnen sitzend, kann man
den Sonnenuntergang beobachten. Ein Pärchen, das ich
schon an mehreren Abenden gesehen habe, spaziert wieder
vorbei. Die beiden sehen sich versunken in die Augen. Die
Verliebtheit umstrahlt sie wie eine Aura. Während sie an der
Donau entlanggehen, lehnen sie sich aneinander, so daß sie
beinahe fallen. Mehrmals bleiben sie stehen und sehen sich
tief und lange an, sehr lange. Sie lächeln nicht, sie sind ganz
ernst. Die Augen des einen werden zu Brunnen für den
Durst des anderen.

Ich denke: Was passiert, wenn die Formen der Religion
für die Begegnung mit dem Heiligen an Tragkraft verloren
haben? Die Liebesbeziehung scheint die letzte Transzendenz-
zuflucht der modernen Kultur zu werden, schreibt Bauman.
Er meint anscheinend, daß die Abhängigkeit des modernen
Menschen von einem Liebespartner und seine Idealisierung
der Liebe (mit dem resultierenden ständigen Gefühl des
Mißerfolgs, weil sie sich selten verwirklichen läßt) auf einem
Verlust geistiger Ideologien beruhen. Gottes und seiner weltlichen Konkurrenten beraubt, braucht der moderne Mensch
ein Etwas, ein Denkmuster als Ersatz für die verschwindenden kollektiven Ideologien. Das ist der Punkt, an dem die
persönliche Liebe einspringt, meint er. In unserer Zeit wird
vom Liebespartner erwartet, daß er etwas bietet, was ewig
dauert, oder vielleicht eher, was *diese Transzendenz ist.*

Gerade dadurch, daß alle Hoffnung auf eine überirdische
Welt ihren Glanz verloren hat, erhält *der Traum von der Liebe* eine früher nie wahrgenommene Funktion. Gleichzeitig
ist seine Tragfähigkeit drastisch gesunken. Die gesteigerten

Erwartungen an die irdische Liebe vervielfältigen die Wahrscheinlichkeit des Scheiterns. Das läßt das Individuum auf eine herumirrende Suche nach »dem richtigen Partner« gehen, der an der nächsten Ecke wartet, ganz einfach warten muß. Aber der Partner hält dieser idealisierenden Projektion nicht stand, daher die andauernde Suche, der nie versiegende Durst nach Zärtlichkeit.

Ja, und die Religion?

Ich setze meine Lehrveranstaltungen über Lebensfragen unter religionspsychologischer Perspektive fort. Studenten kommen und gehen. In der Mensa wird Kaffee getrunken, die Gespräche sind leise. Der Seminarraum ist erfüllt von gespannter Aufmerksamkeit.

Ich halte eine Vorlesung über die rituellen und kulturellen Rahmen, die dem Tod einen Sinn geben. Noch vor wenigen Jahrzehnten war Gott – als höchster Garant der Unsterblichkeit – für große Teile der europäischen Bevölkerung eine Selbstverständlichkeit. Viele glaubten, daß eine unsichtbare und unsterbliche Gestalt – Christus – uns durch die schwersten Leiden begleitet und uns einst, wenn alles vorbei ist, in Empfang nimmt. Dieser Glaube findet seinen Ausdruck noch immer im heiligen Kirchenjahr. Die christliche Fastenzeit handelt vom Leiden und Sterben Christi. Das Osterfest erschafft und verfestigt in uns die Erfahrung, daß das ewige Leben Wirklichkeit ist. Immer noch formt diese Vorstellung das Leben vieler Menschen, obgleich immer weniger Menschen es für vernünftig halten, die Berichte der Bibel als wahr anzunehmen. Die kirchlichen Lieder und Texte, die Stabilität in die Unbeständigkeit des Lebens brachten, haben für die meisten an Bedeutung verloren. Der kulturelle Rahmen um jedes Menschen Tod ist immer *privater* geworden.[3]

Heute, zu Beginn des 21. Jahrhunderts, haben viele eine ambivalente Einstellung zu Religion und Kirche und damit keinen selbstverständlichen Zugang mehr zu den Riten und Symbolen, die früher die Todesangst linderten. Durch die zunehmende Säkularisierung und Pluralisierung muß nun jeder Mensch selbst zu seiner Auffassung vom Sinn des Todes gelangen. Dementsprechend findet sich eine verminderte Bereitschaft für das Flehen, die Seele zur Ruhe kommen zu lassen, bevor sie geholt wird, wie es sich in Selma Lagerlöfs Roman *Der Fuhrmann des Todes* wiederfindet. Das Ende eines Menschenlebens ist von großer Einsamkeit geprägt, nicht zuletzt deshalb, weil keine religiöse Alternative mehr die Kraft des Selbstverständlichen besitzt.

Aus einer sozialen Perspektive heraus kann man sagen, daß die den Lebensfragen innewohnende Unruhe früher von der vorherrschenden religiösen Kultur, ihren Mythen und Riten »aufgesogen« wurde. Die säkularisierte Welt kann als verirrt oder kraftlos bezeichnet werden. Die Leere oder der Mangel sind augenfällig. Vor allem gibt es weniger *gemeinsame* Lebensinterpretationen und Sinnsysteme. Aus psychologischer Sicht – völlig ungeachtet dessen, ob man an die Existenz einer göttlichen Realität glaubt oder nicht – hat die Religion bestimmte Funktionen. Sie schafft und festigt ein übergreifendes Gefühl, daß gewisse Werte *unverletzlich* sind, sie vermittelt eine Faszination von der mysteriösen Quelle der Existenz.

Wenn die Bilder der Religion verschwinden, werden sie nicht automatisch von alternativen Lebensinterpretationen ersetzt. Es gibt keine selbstverständliche »Makro-Meinung«, sondern die Menschen müssen zu ihrer eigenen »Mikro-Meinung« finden. Die meisten Individuen sind nicht länger in einer christlichen Gemeinschaft verankert. Während der Glaube an Gott sich in den sozialen Inseln fortsetzt, die wir christliche Gemeinden nennen, schaffen sich andere ihre Marktanteile auf dem Gebiet der Lebensanschauung, das heißt in einer Grauzone von alternativer Medizin und New-Age-inspirierten Bewegungen. Die soziale Basis der Frömmigkeit hat sich durch Mobilität verändert. Das hat dazu geführt, daß die Unruhe, die früher durch religiöse Riten »abgeleitet« wurde, nun nicht mehr gebunden wird und in der Gesellschaft frei flottiert.

»Genau«, sagen einige Studenten, als wir hinterher in der Mensa beisammensitzen. »In der ganzen marxistischen Ära haben sich die Christen still verkrochen, während Marx zu einer Art Gottheit wurde, das Parteiprogramm wurde zu einer Art Katechismus, und die großen Führergestalten wurden Heilige. Jetzt ist alles zusammengebrochen, und immer mehr Leute verehren die Madonna. Nein«, lachen sie, »nicht die Jungfrau Maria, sondern den Popstar Madonna.«

»So langsam finden sich ganz andere Metaphern, die die Zerbrechlichkeit des Lebens erträglich werden lassen, die Ikonen und Riten der Popkultur treten an. Vor ein paar Wochen war hier ein großes Popkonzert, alle zündeten in der schwarzen Oktobernacht ihre Feuerzeuge an. Kommerzialisierte Riten und Mythen auf MTV, wohin man blickt. Aber, Professor, kann uns so etwas wirklich über den Tod hinwegtrösten?«

Das Ghetto

Bald ist meine Zeit in Budapest vorbei. Ich lese seit ein paar Stunden ein Buch über den Zweiten Weltkrieg. Wie ich im Radio höre, haben offizielle russische Stellen an diesem No-

vembertag des Jahres 2000 zugegeben, daß Raoul Wallenberg im Lubjanka-Gefängnis von Moskau erschossen wurde,
unmittelbar nachdem man ihn im Februar 1945 dorthin gebracht hatte.

In einem Antiquariat finde ich eine Skizze des Stadtgebiets, in dem das jüdische Ghetto lag. Von November 1944
bis Januar 1945 pferchte man 70 000 Juden auf einer Fläche
zusammen, die kleiner war als ein Viertel der Stockholmer
Altstadt. Ich will mir ansehen, wo dieses Ghetto lag.

Ich nehme den Bus zum Verkehrsknotenpunkt Oktogon.
Welche unerhörte Beschleunigung diese Elektrobusse an den
Tag legen! Man wird in seinen Sitz gepreßt, wenn sie anfahren und über den Platz vor der Musikhochschule sausen.
Der Oktogon-Platz mutet paradox an. In Sichtweite liegt
»Burger King« mit einer knallroten Wendeltreppe aus Metall, die sich glänzend zum Dach emporwindet. An einer
Wand Elvis Presley in Lebensgröße. Hysterisch lachende
Popstars auf Plakaten. Ein Stück weiter weg »Pizza Hut«
in rosa und minzgrünen Farben; das Personal trägt Tennisschuhe und rote Schürzen. Durch die Fenster des Restaurants sieht man auf der andern Straßenseite »Kentucky Fried
Chicken«. Das Lokal ist hellgelb und der Fußboden frisch
gewischt. Eine Miniaturvariante der USA hat sich mitten im
ehemaligen Ostblock einen Platz erobert.

Ich entfalte einen Stadtplan. Darauf zeichne ich die Lage
des jüdischen Ghettos ein und mache mich auf den Weg in
die Altstadt. Infernalisch geschickt hatte man das Ghetto so
angelegt, daß die Bürger nicht allzuviel davon merkten.
Langsam wandere ich durch das Viertel. Ich komme an einer
alten, verfallenen Synagoge vorbei. Sie lag mitten im Ghetto. In meinem Buch steht, daß die SS-Wachen Kinder, Frauen und Alte durch das Gebäude trieben. Die Männer waren
schon in Konzentrations- oder Arbeitslagern. Bald sollten

alle erschossen werden. Angst, Todesfurcht und Entsetzen hängen immer noch in den Bäumen. Das Viertel ist teilweise verfallen. Gerümpel türmt sich zu Haufen. Eine ältere Frau geht tief gebeugt vorbei, sie trägt ein Brot, das in eine Zeitung eingewickelt ist. Welche Demütigungen und Verluste verbergen sich in ihrer Erinnerung?

An derselben Straßenecke, wo man die Kinder entlauste, bevor sie weggebracht wurden, ist jetzt ein Kebab-Imbiß. Dort steht ein Mann und kaut Betel. Er verkauft knallrote Tomaten. In seinem winzigen Laden steht ein noch winziger Fernseher. Darin läuft Madonnas neuester Videoclip. Der Mann blickt von seiner Zeitung auf, als ich vorbeigehe. Im Park Klauzél tér, wo die Leute gedemütigt wurden, schaukeln heute friedlich Kinder. Mütter unterhalten sich. Es liegt nur ein Schritt zwischen uns und der Barbarei.

Wie wichtig es ist, auf Friedhöfe zu gehen

Der Wind bläst recht scharf, als ich vom Bus zum jüdischen Friedhof in Szentendre gehe, dem malerischen Städtchen wenige Kilometer nördlich von Budapest. Ein Stück entfernt rauscht der Verkehr vorbei. Hier ist es still, aber die Realität des Todes ist gegenwärtig, und ich erinnere mich, was früher beim Totengeläut gelesen wurde:

Aber Herr, lehre doch mich, daß es ein Ende mit mir haben muß und mein Leben ein Ziel hat und ich davon muß. Siehe, meine Tage sind in einer Hand breit bei dir und mein Leben ist wie nichts vor dir. Wie gar nichts sind alle Menschen, die doch so sicher leben. Sie gehen daher wie ein Schatten und machen sich viel vergebliche Unruhe; sie sam-

meln und wissen nicht, wer es einnehmen wird. Nun, Herr, wes soll ich mich trösten? Ich hoffe auf dich.

(Psalm 39,5–8)

Die Gräber sind ungepflegt. Wer sollte sie pflegen? Alle Angehörigen wurden erschossen oder haben sich buchstäblich in Rauch aufgelöst.

Ich halte mich bis spätabends auf dem Friedhof auf. Der Abend ist ungewöhnlich mild. Die Geräusche der Stadt dringen aus einiger Ferne herüber. Ein älterer Mann sitzt lange auf einer Bank und blickt auf einen frisch geharkten Weg. Er hat die Hände gefaltet und seufzt hin und wieder. Eine Frau in einer roten Strickjacke rupft Unkraut am Fuß eines Grabsteins.

Bevor ich nach Szentendre fuhr, machte ich einen Abstecher aufs Land. Dort sah ich auf einer Landstraße: erst einen katholischen Pater, dann ein Pferd mit einem Wagen, auf dem ein verhüllter Sarg stand, dann einige Angehörige in Trauerkleidung. Alle gingen schweigend. Die Bauern nahmen die Mützen ab, als der Trauerzug vorbeizog. In Ungarn gibt es noch solche deutlichen Erinnerungen an die Grenzen des Lebens. Und ich frage mich, was die hektische westliche Welt an die wenig glamouröse Einsicht gemahnt, daß uns Menschen alles Leben geliehen ist. Vielleicht ist der Friedhof eine solche Mahnung.

Ich gehe hinüber zum katholischen Friedhof. Dort gibt es viele Kerzen. Vielleicht denkt die Frau, die da in der Dunkelheit steht und die schwachen Lichter vor dem grauschwarzen Sternenhimmel sieht: »Mein Geliebter, wo bist du hin? Neulich noch deine Wärme, deine Hand, die langen Gespräche, aber auch all diese harten Worte, die sich nicht zurücknehmen lassen. Mahlende Gedanken, das naßgeweinte Kissen. Das leere Bett.«

Ich sehe hinüber zur Stadt. Ein Flugzeug steigt hinauf in den Himmel. Wenige Stunden später liegen mein Laptop und meine Papiere, in Reisetaschen verstaut, in einem Flugzeug der Malev. Ich verschlinge eine schwedische Tageszeitung, ausgehungert nach den Nachrichten des Alltags. Dann sinkt die Rücklehne nach hinten. Kaffee wird serviert, und ich schwinge mich auf Stahlflügeln hinauf in den europäischen Luftraum.

6 | Sankt Petersburg im März

Über Gott und den Duft des Heiligen

Ich bin völlig gewiß, daß es keinen Gott gibt, in dem Sinn, daß ich völlig gewiß bin, daß nichts Wirkliches dem gleicht, was ich begreifen kann, wenn ich diesen Namen ausspreche. Aber das, was ich nicht begreifen kann, ist keine Illusion.

Simone Weil

Nach Rußland!

Es ist eine bunte Gruppe Menschen, die am Abfertigungsschalter für den Flug nach Sankt Petersburg Schlange steht. Üppige Pelze, dicke Fellmützen und diese weiche russische Sprache. Bald schießen wir hinaus in den Himmel über dem Finnischen Meerbusen.

Das Brummen der Flugzeugmotoren sorgt dafür, daß die Passagiere nach kurzer Zeit verstummen. Die Maschine ist nur schwach besetzt. Wenige Zentimeter rechts von meinem Arm erstreckt sich der Himmel eisig und leer vor dem Kabinenfenster. Wir sind gut zehntausend Meter hoch, und diesmal reise ich gen Osten. Gleichzeitig trete ich eine Reise nach innen an. Ich klappe ein dickes Buch auf und versinke in der Handlung. In der Tasche liegen zerlesene Taschenbücher von Dostojewski. Jetzt lese ich über Sonja – die Prostituierte –, die sich in dem Roman *Schuld und Sühne* von 1866 mit dem Mörder Raskolnikow über das Heilige und über Gott unterhält.

Man gönnt es sich viel zu selten, in den Gedanken zu verweilen, die durch die Lektüre geweckt werden. Ich hatte schon lange vor, mir diese Gelegenheit zu geben. Normalerweise lese ich ein paar Seiten und schaue dann hoch. Ich unterhalte mich mit diesen entfliehenden literarischen Figuren, die existieren – und gleichzeitig nicht existieren. Für ein paar Tage werde ich in diesen fiktiven Welten leben, die wir

Romane nennen. Gleichzeitig weiß ich jetzt schon, daß ich mich in die Handlung stürzen werde, um zu sehen, »wie es weitergeht«, ohne mir Zeit zu lassen, darüber nachzudenken und dem Autor in seinen Fußspuren zu folgen.

Nach einer knappen Stunde landen wir auf dem Flughafen Pulkovo. Nachdem ich die unzähligen Fragebögen und forschenden Blicke der Zollbeamten hinter mich gebracht habe, entdecke ich rechter Hand eine Wechselstube. Sie ist geschlossen. Die Architektur ist trostlos. Ein Kiosk auf der linken Seite verkauft Coca-Cola und Blinis.

Es ist eisig kalt, als wir draußen auf den Bus warten. Dikke Atemwolken steigen auf. Vor der frisch renovierten Ankunfthalle stehen die Autos mit laufendem Motor, die meisten aus den sechziger Jahren. Hier und da ist ein strahlend weißer Mercedes oder ein schimmernder schwarzer BMW zu sehen. Im Asphalt sind riesige Löcher. Auf dem Parkplatz steht eine endlose Reihe von Wartenden und nimmt die aus dem Ausland heimkehrenden Verwandten in Empfang. Ein älterer Mann mit Kosakenstiefeln und spärlichen Augenbrauen schneuzt sich in die Hand, nachdem er seinen geliebten Sohn lange umarmt hat.

Je näher wir der Stadt kommen, desto deutlicher sehe ich sie, die schimmernd vergoldete Kuppel der Isaak-Kathedrale. Sie erhebt sich selbstbewußt vor den eleganten Fassaden am Ufer der Newa. Die Häuser sind in Pastellfarben gestrichen – viele anscheinend frisch renoviert. Die Kathedrale ist aus der Ferne zuerst zu erkennen. Im kalten blauen Tageslicht scheint sie zu schweben. Die Bäume sind voller Reif.

Eine ganze Weile müssen wir an Absperrungen halten. Die Straßen werden umgebaut. Näher am Zentrum wird der Verkehr dichter. Trotz der breiten Alleen aus der Sowjetzeit gerät der Verkehrsfluß ins Stocken. In den USA würde man das »traffic jam« nennen. Aber dann sehe ich die Newa, den breiten Strom. Sie fließt in einem Bogen durch die einst so sumpfige Landschaft. Die ganze Stadt ist perforiert von den Kanälen, die Peter der Große bauen ließ – inspiriert von Amsterdam und Venedig. Dampf steigt aus den Löchern im Eis. Hier herrscht eine feuchte Kälte, und die dicken Pelzmützen sind tief ins Gesicht gezogen. Eine scharfe Kurve mit dem Auto, und wir halten vor dem Hotel.

Lektüre als Andacht

Die zerlesenen Taschenbuchausgaben von Dostojewskis Romanen lege ich auf einen kleinen Schrank gegenüber dem Bett. Es rauscht in den Hotelheizkörpern. Schwach hört man das Geräusch einer Aufzugtür. Im Korridor liegt hellroter Nadelfilz-Teppichboden. Die gedämpften Geräusche tragen zur Atmosphäre der Ruhe bei. Ich weiß nicht, zum wievielten Mal ich die vertrauten Kapitel dieser Bücher lese. Einige Abschnitte kann ich beinahe auswendig. Natürlich wird Dostojewski oft über Gebühr idealisiert; er hatte fürchterlich antisemitische Ansichten, und sein selbstgerechter Slawismus ist aufdringlich. Aber davon abgesehen kann ich nicht anders, als ihn einen geistigen Ratgeber zu nennen, einen Seelsorger. In dieser Stadt hat er zeitweise gelebt. Hier fand er die Milieus für unvergeßliche Szenen.

Nach einigen Stunden klappe ich das Buch zu. Dann packe ich den Stadtplan aus und begebe mich nach draußen. Die Christi-Verklärungs-Kathedrale liegt nur ein paar Straßenzüge von meinem Hotel entfernt. Hier bleibe ich lange Zeit stehen. Christi rätselhafte, matte Augen sehen mich von mehreren Ikonen herab an. Bevor ich gehe, verbeuge ich mich und schlage das Kreuzzeichen. Seine Augen folgen mir, als ich durch das Portal hinausgehe. Den Weihrauchduft habe ich noch mehrere Stunden in der Nase.

Dann gehe ich zum Newski Prospekt, der Paradestraße. Nach ein paar weiteren Blocks bleibe ich vor dem sogenannten Ingenieurschloß stehen. Es ist ein imposantes Backsteingebäude direkt an den Kanälen Moika und Fontanka. Hier wohnte Zar Paul I. Anfang des 19. Jahrhunderts. Der Zar hatte eine Heidenangst davor, ermordet zu werden; seine Residenz war umgeben von Wallgräben und Zugbrücken. Er ließ unterirdische Gänge zum Marsfeld anlegen, einem militärischen Übungsgelände. Doch alle Vorsichtsmaßnahmen waren vergebens. Er wohnte nur 40 Tage in seinem Schloß, dann wurde er brutal ermordet. 1823 übernahm das Militär das Gebäude. Seitdem ist eine Ingenieurhochschule dort untergebracht, daher der Name.

Hier oben saß Dostojewski ein paar Jahre in einem Eckzimmer und arbeitete. Er kam aus Moskau hierher, kaum siebzehn Jahre alt. Das war im Jahr 1837. Dieser introvertierte Träumer, der nichts anderes wollte als Schriftsteller werden, quälte sich hier oben mit seinen Skizzen und Zahlen. Bald gab er es auf. Aber sein ganzes Leben lang sollte er Eckzimmer bevorzugen. In ihnen suchte er Überblick, Zusammenhänge zu finden.

Der sechste Evangelist

Die meisten haben ein schlechtes Gewissen, wenn sie den Namen Dostojewski hören. Er ist schwer, er ist hölzern, er ist unerträglich langatmig, kaum auszuhalten. In unzähligen Regalen stehen seine Bücher, dick und majestätisch. Viele Leser haben es bis auf Seite 92 oder vielleicht 139 geschafft. Dort steckt dann ein kleiner Zettel, seit sie zum erstenmal versuchten, ihn zu lesen, vielleicht irgendwann in der Jugend; schließlich gaben sie auf. Andere behaupten, Dostojewski sei das beste, was sie je gelesen hätten. Sie geraten ins Schwärmen. Jeder Mensch, der etwas auf sich hält, sagt von sich, er habe ihn gelesen. Aber man darf wohl jenen mißtrauen, die behaupten, sie hätten jede Zeile verschlungen. Dutzende von Seiten werden sicher überblättert, auch von mir. Ab und zu sind jedoch Szenen dabei, die ich nie vergesse.

Fjodor Michailowitsch Dostojewski (1821–1881) ist für mich der sechste Evangelist, nach Johann Sebastian Bach, der mit Recht der fünfte genannt wird. Keine anderen Bücher haben mich so tief berührt wie Dostojewskis. Keiner hat wie Dostjewski das Messer zum Himmel gereckt, aus Zorn über Gottes scheinbar ungerührte Haltung angesichts von Leid und Tod. Niemand hat sich wie er in den Netzen des Zweifels verfangen. Niemand hat wie er Fragen aus meinem eigenen Inneren hervorgelockt. Niemand hat wie er auf das Mysterium der Güte hingewiesen. Wer sich ernsthaft mit seinen eigenen Lebensfragen auseinandersetzen will, kommt kaum an Dostojewski vorbei. Lange schon habe ich diese Reise tun wollen.

Als ich durch die Stadt gehe, sehe ich in einer Buchhandlung ein Porträt von ihm. Er hat sehnige Hände und zerfurchte Wangen, einen nach innen gerichteten Blick. Während ich durch den Schnee weiterwandere, denke ich: In seinen Büchern gibt es Gestalten, mit denen ich mehr gemeinsam habe als mit meinen eigenen Freunden. Seine Romane gibt es überall, im Taschenbuchständer bei ICA in Säffle, auf dem Berliner Flughafen und in jeder Schule auf der Welt. Wir, die wir von ihm fasziniert sind, bilden eine Art geistige Untergrundgemeinschaft. Wir kennen die Prostituierte Sonja, die alles tut, um ihren alkoholkranken Vater zu retten. Wir leiden mit Raskolnikow, dem Mörder, wir ahnen, wie der epileptische Fürst Myschkin in *Der Idiot* (1868) denkt.

Bevor ich hierher fuhr, besuchte ich im Internet ein paar Dostojewski-Websites. Verschiedene amerikanische Universitäten haben Seiten ins Netz gestellt, deren Überschriften »short version«, »study guide«, »the main plot«, »characters« usw. lauten. Das ist ganz praktisch, wenn man den großen Russen kennenlernen will. Aber es kann niemals die tiefgehende Lektüre ersetzen.

Jetzt wandere ich durch St. Petersburg. Diese Stadt hat Lenins Revolution gesehen, Stalins Terror, den Zweiten Weltkrieg und die Märsche der Roten Armee, die bejubelten Sowjetführer, das offene Klima der Perestrojka, und jetzt – sozialer Abbau, galoppierende Marktwirtschaft. Was hat Dostojewski einem geistig ausgehungerten Menschen von heute zu sagen?

Ein dramatisches Leben

Sein Vorname Fjodor ist eine russische Variante des griechischen Theodor, was »Geschenk Gottes« bedeutet. Michail geht zurück auf das hebräische Mi-ka-el, was bedeutet »Wer ist wie Gott?«. Schon im Namen ist ein Code verborgen. Sicher, es gibt ganz unterschiedliche Arten, Dostojewski zu lesen. Ein Jurist etwa liest die Kriminalfälle durch seine spezielle Brille. Einem Psychologen fällt auf, daß seine Menschenkenntnis größer war als die Sigmund Freuds. *Aufzeichnungen aus einem Kellerloch*, geschrieben 1864, ist in seiner Monologform einer langen psychoanalytischen Sitzung vergleichbar. Ein Mediziner sieht, wie gut er die Epilepsie beschrieben hat. Sowohl er selbst als auch sein Vater litten an der »heiligen Krankheit«. Einer seiner Söhne starb daran. Aber jetzt im Moment suche ich nach der geistigen Schicht in seiner epischen Welt.

Fjodor Dostojewski wurde 1821 in Moskau geboren. Sein Vater hatte eine Zeitlang Theologie studiert, dann aber in das Medizinfach gewechselt. Sein ganzes Leben lang erinnerte sich Dostojewski an die Gebete seiner Mutter vor den Ikonen und wie sie die biblischen Geschichten laut vorgelesen hatte. Die christliche Vorstellungswelt durchdrang sein ganzes Denken. Sein Vater wurde Armenarzt in Moskau. Als Kind saß der kleine Fjodor oft im Wartezimmer und plauderte mit den Patienten. Schon früh faszinierten ihn das Leid und das Böse.

Als junger Erwachsener ging Dostojewski zum Militär. Doch es gefiel ihm dort nicht. Da er schon früh einen inneren Drang verspürt hatte, Schriftsteller zu werden, verließ er 1844 die militärische Laufbahn und begann seine Karriere als Autor. Bereits nach zwei Jahren debütierte er mit *Arme Leute*. Plötzlich war er ein berühmter Mann. Die Kritiker betrachteten ihn als einen würdigen Nachfolger Gogols. Dostojewski, der früher so verschlossen und introvertiert gewesen war, weckte nun großes Interesse, und seine Eitelkeit über diese Aufmerksamkeit war offensichtlich. Aber sehr bald kam der Rückschlag. *Der Doppelgänger* (1846) wurde weitaus kühler aufgenommen als sein Erstlingswerk. Es ist eine hervorragende psychologische Beschreibung der Demütigung und wie der Mensch damit fertig wird.

Ende der 1840er Jahre geriet er in eine Gruppe von Gesellschaftskritikern, die gegen den Zar und die Leibeigenschaft kämpften; der Literaturkritiker Belinski und andere Atheisten beeinflußten sein Weltbild. Dostojewskis sozialem Engagement wohnte jedoch die ganze Zeit eine geistige Dimension inne. Das Revolutionsjahr 1848 hatte auch im Ruß-

land von Zar Nikolaus I. weitreichende Auswirkungen. Jetzt
wurde über den Sozialismus, die Leibeigenschaft und die
Frauenfrage debattiert. Auch Dostojewski beteiligte sich an
dieser Diskussion. Doch sein relativ harmloses politisches
Engagement hätte ihn um ein Haar das Leben gekostet.

Er wurde im April 1849 verhaftet und nach acht harten
Monaten zusammen mit zwanzig Mitgefangenen zum Tode
verurteilt. Man brachte ihn zum Semjonow-Platz, wo sich
eine zynische »Hinrichtungsszene« abspielte: Die Todeskan-
didaten wurden bei mehr als 20 Grad Kälte an Pfähle gebunden und sollten in Dreiergruppen vor den Augen der anderen erschossen werden. Die Soldaten begannen damit, die
ersten drei Gefangenen zu fesseln und ihnen Säcke über die
Köpfe zu ziehen. Dostojewski stand in der zweiten Gruppe.
Unmittelbar bevor die Todesschüsse fallen sollten, sprengte
ein berittener Kurier des Zaren auf den Hinrichtungsplatz.
Die Gefangenen bekamen zu hören, daß man ihnen nur eine »Lektion« hatte erteilen wollen. Für seinen Freund Griri-
jew war die Aufregung mehr, als er ertragen konnte: Er ver-
lor den Verstand und wurde ins Irrenhaus gebracht. Am
selben Nachmittag schrieb Dostojewski:

*Soeben erfahre ich, lieber Bruder, daß wir heute oder mor-
gen abtransportiert werden ... Ich bin nicht verzweifelt und
habe den Mut nicht verloren. Leben gibt es überall, das Leben ist in uns selbst, nicht außer uns. Ich werde von Menschen umgeben sein, werde unter ihnen Mensch sein und es
immer bleiben. Sich vom Unglück nicht beugen, nicht um-
werfen lassen, was auch immer geschehe, das nenne ich Leben, das ist die Aufgabe unsres Daseins ...
Noch habe ich ja mein Herz und mein Fleisch und Blut, die
imstande sind, zu lieben und zu leiden, zu wünschen und
sich zu erinnern. Und das ist ja der eigentliche Inhalt unse-*

res Daseins. On voit le soleil *[Man sieht die Sonne]. Lebe wohl, Bruder.* (22. Dezember 1849)

Die Erinnerungen an jenen Morgen tauchen später in mehreren seiner Werke auf, und wahrscheinlich haben sie ihn mehr geprägt als vieles andere. Eine Schilderung dieser Ereignisse findet sich in seinem Roman *Der Idiot.*

Nach diesem »Scherz« wurden den Gefangenen mehrere Kilo schwere Eisenketten um die Fußgelenke geschmiedet, Dostojewski nach Sibirien gebracht. Eine Madame Fonwisina schickte ihm das Neue Testament. Vier Jahre lang war dies das einzige Buch, das er lesen durfte. Genau dieses Buch begleitete ihn ein Leben lang. Er hielt es in der Stunde seines Todes in Händen. Die vier Jahre Gefangenschaft im sibirischen Omsk bilden den Hintergrund für den Roman *Aufzeichnungen aus einem Totenhaus* (1862). Schmutz und Elend, die Pein und die Demütigung, ständig eine schwere Eisenkette um das Fußgelenk tragen zu müssen, hinterließen ihre Spuren. Aber merkwürdigerweise schien er nie über sein Leid oder die Ungerechtigkeit seiner Verurteilung zu klagen.

Während Dostojewski seine Strafe verbüßte, geschah eine merkwürdige Veränderung mit ihm. Er kam zu der Einsicht, daß er früher von ungesunden politischen Ideen angesteckt gewesen sei, von Gedanken, deren er sich nun entledigen müsse. So schätzte er nicht nur, sondern bejubelte sogar den Zaren, den er so stark kritisiert hatte. Von den Jahren seiner Festungshaft an trug er eine große Skepsis gegenüber dem westlichen Rationalismus in sich, ebnso wie einen Glauben an das einfache russische Volk und den russischen Christus. Seine psychologische Grundhaltung vertiefte und veränderte sich.

Der zweite Teil der Strafe bestand aus vier Jahren Militärzeit in Semipalatinsk. Hier waren die Bedingungen leichter, und Dostojewski nahm seine schriftstellerische Arbeit wieder auf. 1859 kehrte er schließlich nach St. Petersburg zurück, wo er sich niederließ. Die Großstadtatmosphäre prägte fortan die meisten seiner Romane. In den 1860er Jahren hielt er sich fast ebenso oft im Ausland wie in Rußland auf. Ständig gejagt von Zeitungsreportern und gequält von Geldsorgen, befand er sich bisweilen sozusagen auf der Flucht. Während dieser Zeit schrieb er große Romane wie *Schuld und Sühne* und *Der Idiot*.

England und Italien waren die Länder in Europa, in denen er es am ehesten aushielt, ein Aufenthalt in Florenz Ende der 1860er Jahre war wohl seine glücklichste Zeit. Frankreich schätzte er nicht. Deutsche und Schweizer kamen ihm aufgeblasen und nahezu einfältig vor.

Gelegentlich wurde Dostojewski vom »Spielteufel« geritten: Dieser zwang ihn immer wieder an die Roulettetische der großen europäischen Casinos. Es ist tragisch, diesen zutiefst seriösen und introvertierten Menschenkenner so total in den Fängen der Spielsucht zu sehen. Während seine erste Frau im Sterben lag, reiste er mit seiner Geliebten herum, in der naiven Hoffnung auf den großen Gewinn. Seine zweite Frau, Anna Grigorjewna, mußte während einer vierjährigen Abwesenheit Dostojewskis nahezu das gesamte Hab und Gut verpfänden.

Die dreißig Jahre, die zwischen Dostojewskis erstem und letztem Buch liegen, sind angefüllt von Schmerzen und mystischer Euphorie. Über lange Zeit litt er an monatlichen epileptischen Anfällen, nach der dramatischen Scheinhinrichtung, acht Jahren Haft und Verbannung in Sibirien folgten Reisen, Ehe und Scheidung, ständige Geldsorgen; Spielsucht und Angst wurden von ruhigeren Perioden abgelöst. Grübelei, unablässiges Nachdenken darüber, was den Menschen ausmacht, Lektüre, Selbstbeobachtung und das Beobachten anderer – alles wurde zu Stoff für sein literarisches Schaffen. Ein Jahr vor seinem Tod feierte er Triumphe mit dem großen, 800 Seiten dicken Roman *Die Brüder Karamasow* (1879–80). In den letzten Jahren las er aus seinen Werken vor und wurde als Menschenkenner, Prophet und Mystiker gefeiert.

In der Wohnung

Ich gehe zu Dostojewskis letztem Wohnhaus. Es liegt nicht weit von der U-Bahn-Station Wladimirskaja entfernt. Aber ich biege vom Newski Prospekt rechts ab und wandere an den Kanälen entlang. Der hektische Verkehr mit seinem Benzingestank nimmt etwas ab, als ich mich meinem Ziel nähere. Jemand steht auf dem Bürgersteig und versucht, Blinis zu verkaufen. Eine ältere Frau in abgenutzten Schuhen bietet eine Handvoll Karotten feil. Eine andere hält mir ein junges Kätzchen entgegen. Abgearbeitet, desillusioniert und mißtrauisch versuchen sie, sich ein paar Rubel zu verdienen. Das hier ist immer noch eine arme und armselige Gegend. Genau hier wohnte Dostojewski immer wieder.

Ich betrete das Haus im Kuznetschni Pereulok 5, wo er seine letzten drei Lebensjahre verbrachte. Im ersten Stock ist eine kleine Kunstausstellung. Ein Amerikaner mit breitem Akzent spricht zu seinen Studenten. Einige gehen leise umher, lauschen den Erklärungen von leiernden Kassettenspielern und versuchen, sich einen Überblick zu verschaffen. Im zweiten Stock hat man die Möbel aus der ursprünglichen Wohnung aufgestellt. Ich habe nicht damit gerechnet, aber ich bin gerührt, oder besser gesagt, berührt. Ich wage kaum, in das Eckzimmer zu gehen, wo er, wie ich weiß, *Die Brüder Karamasow* geschrieben hat. Erst kommt man am Kinderzimmer vorbei. Darin steht ein Schaukelpferd. Sein Sohn Aljoscha saß oft darauf und schaukelte.

Gegen Ende seines Lebens hatte das Paar endlich einen Sohn bekommen. Doch als das Kind drei Jahre alt war, erlitt es einen akuten epileptischen Anfall – der ersehnte Junge starb. Zuvor hatte das Ehepaar schon ein anderes Kind verloren. Der Kummer warf tiefe Schatten auf Dostojewskis Leben. Zu seiner ersten Tochter Maria – die als kleines Kind starb – kehrte er oft in Gedanken zurück. Nachdem nun der Jüngste – der Sohn auf dem Schaukelpferd – gestorben war, nahm Dostojewski den jungen Philosophen Solowjew auf eine Reise mit. Sie reisten zum Kloster Optina Pustin, wo er mit Starez Amvrosij, einem alten geistlichen Ratgeber, sprechen durfte. Das tröstliche Gespräch zwischen Amvrosij und dem trauernden Fjodor findet sich in der Erzählung über den Starez Sosima wieder, in dem Roman, den Dostojewski nur ein paar Schritte entfernt von dort, wo ich jetzt stehe, geschrieben hat.

Oft schloß er sich in diesem Zimmer ein, um seine Ruhe zu haben. Die Kinder schickten kleine Zettel zu ihm hinein. Aber jeden Abend lasen sie gemeinsam Kindergeschichten. An der Wand hängen ein Bild von Raffaels Sixtinischer Madonna, eine Ikone, ein paar Zeitungen. In August Strindbergs Eckzimmer oben im Blauen Turm an der Drottninggatan in Stockholm zu stehen – wo Strindberg im Mai 1912 starb –, ist ein ganz ähnliches Erlebnis. Der letzte Arbeitsplatz eines großen Dichters. Aber hier ist noch etwas mehr. Ich weiß nicht, was. In der Ecke steht sein Schreibtisch. Er ist grün. Am Abend des 28. Januar 1881, einem Mittwoch, starb Dostojewski. Die Zeiger der Uhr stehen immer noch auf 8 Uhr 36.

Jetzt geht eine Gruppe Japaner langsam durch den Raum, die Blicke nach innen gekehrt, während sie den Erläuterungen auf der Tonbandkassette des Museums lauschen. Sie blicken in das Schlafzimmer, in das Zimmer von Ehefrau Anna, in den Salon. Jemand hustet bellend. Ansonsten ist es still. Die Leute bewegen sich langsam, beinahe andächtig. Die Geräusche der Straße dringen herauf.

In diesem Eckzimmer wurde eines der bekannteren Gespräche der Weltliteratur geschaffen. Es berührt unter anderem die Existenz Gottes. Ich belauschte es bei mir zu Hause, kurz bevor ich nach Rußland aufbrach. Der alte Trick funktionierte noch. Spät am Abend, als alle im Haus schliefen, löschte ich das Licht und ging hinüber zum Bücherregal. Immer noch kann ich – wenn ich das Ohr an die Buchrücken halte – das Marathongespräch zwischen Aljoscha und Iwan Karamasow hören. Wie ein leises Murmeln dringt es zwischen den Buchrücken hervor. Es findet im Café Metropol statt und wird in *Die Brüder Karamasow* wiedergegeben.

Gibt es Gott? – Gespräch im Café Metropol

Ich biege in eine Seitenstraße ein, nicht sehr weit entfernt von der russischen Nationalbibliothek. Die Adresse ist Sadowaja Uliza. Hoch oben an der Mauer sehe ich ein Schild mit dem Wort *Metropol*. Es ist ein großes Restaurant, daß die Sowjetzeit überdauert hat. Aber die Stimmung aus dem letzten Jahrhundert ist immer noch da. Leicht ergraute Herren mit weißen Schürzen verneigen sich. Die Adern sind kaum sichtbar auf ihren zyanblauen Nasen. Sie bieten Servietten, groß wie Bettlaken, an. Und ich denke mir, daß auch die Hauptpersonen in dem Roman ungefähr so wie ich hier gesessen haben. Ich bleibe ein paar Stunden sitzen, die Bücher neben mir, und stelle mir vor, die Romangestalten säßen in meiner Nähe.

In verrauchten Bars und obskuren Restaurantecken diskutieren Menschen fieberhaft – oft alkoholisiert oder an der Grenze zum Wahnsinn – Für und Wider: Gibt es eine Barmherzigkeit im Dasein? Gibt es einen personifizierten Gott? »Gibt es Gott, oder gibt es ihn nicht?« ruft Iwan Karamasow mit flammendem Blick. Und Iwans Frage löst bei jedem Menschen Nachdenken aus. Dostojewskis eigene Antwort ist offenbar »Ja« – ein direktes »Ja«. Seine Briefe und Tagebücher zeugen von dem Kampf, in dem er ständig lebt, doch unter der Gespaltenheit liegt ein Grundvertrauen; Gott ist wirklich.

Aber für Dostojewski ist dies eine brennende Frage. Der Gott, nach dem seine Figuren sich sehnen, an den sie glauben und über den sie grübeln, ist nicht ein arroganter Herrscher, der seine Kinder quält, sondern Christus, der leidende Gottmensch:

Und doch schenkt mir Gott zuweilen Augenblicke vollkommener Ruhe; in solchen Augenblicken liebe ich und glaube, auch geliebt zu werden; in diesen Augenblicken habe ich mir mein Glaubensbekenntnis aufgestellt, in dem mir alles klar und heilig ist. Dieses Glaubensbekenntnis ist höchst einfach, hier ist es: Ich glaube, daß es nichts Schöneres, Tieferes, Sympathischeres, Vernünftigeres, Männlicheres und Vollkommeneres gibt als den Heiland; ich sage mir mit eifersüchtiger Liebe, daß es dergleichen nicht nur nicht gibt, sondern auch nicht geben kann. Ich will noch mehr sagen: Wenn mir jemand bewiesen hätte, daß Christus außerhalb der Wahrheit steht, und wenn die Wahrheit tatsächlich außerhalb Christi stünde, so würde ich es vorziehen, bei Christus und nicht bei der Wahrheit zu bleiben.[4]

Dies ist eine von seinen bekannteren paradoxen Sentenzen. Wir werden auf dieses Thema noch zurückkommen.

Ich blicke von meinem Roman auf und denke über die Gegenwartstendenzen nach, die anscheinend sagen: »Es ist ja wohl nicht so wichtig, woran man glaubt. Laßt die Leute doch glauben, was sie wollen. Ob Religion, Musik oder Mystik, alles ist okay. Gott ist überall, am Strand, im Sand, in den Gräsern oder im kosmischen Nichts.« Ein solchermaßen elastischer Gott – insgeheim und unverbindlich verborgen – interessierte Dostojewski nicht. Nein, für ihn ist die Frage kristallklar: Gibt es Gott als einen autonomen Handelnden, auf den wir vertrauen, an den wir glauben können – im Vollbesitz unserer intellektuellen Kräfte –, einen, der dem Menschen Gutes will und einst unser aller Tränen trocknen wird, der ein Tröster und ein Garant der Güte ist?

Der ältere Bruder Iwan in *Die Brüder Karamasow* sitzt im Metropol, ißt Zwiebelsuppe und trinkt Tee. Er unterhält sich mit seinem jüngeren Bruder, dem frommen Aljoscha, der im Begriff ist, Mönch zu werden. Als Aljoscha sagt, daß es Gott gibt und er darüber hinaus gut ist, bittet Iwan Aljoscha um Verzeihung, aber das könne er nicht glauben. Und dann folgt der Bericht über Soldaten, die volltrunken außer Rand und Band kleine Kinder aus den Armen ihrer Mütter reißen und sie hoch in die Luft werfen. Gröhlend spießen sie die Kinder mit ihren Bajonetten auf, so daß sie vor den Augen ihrer Eltern sterben. Iwan fragt sich, wie Aljoscha etwas Barmherziges darin finden kann.

Der fromme Aljoscha sitzt still vor ihm und hört ihm zu. Iwan irritiert das, gleichzeitig ist er fasziniert von Aljoschas ruhigem Gottvertrauen. Erzürnt fährt er fort: Er bedanke sich für einen Gott, der rohen Herzens einen Menschen mit einer solchen Freiheit erschafft und doch sicher weiß, daß dieser Mensch seine Freiheit mißbrauchen wird, er könne an diesen Gott nicht glauben, er gebe ihm seine Eintrittskarte zurück. Es gibt keine Versöhnung. Iwan schwitzt. Es war damals vermutlich genauso warm hier wie jetzt, wo ich hier sitze.

Dostojewski formuliert Fragen, die oft unzeitgemäß sind. In den Medien wird von dem Bedürfnis nach Spiritualität gesprochen, daß man in sich gehen und sich selbst suchen soll. Nein, sagt Iwan. Die Frage dreht sich um Gott – einem Retter in der Not. Professionelle Christen reden viel von Kirche. Obwohl Iwan sich anscheinend für die Kirche interessiert – er hatte ein Pamphlet über die Kirche als Garant der Moral verfaßt –, ist es doch Christus, der ihn fasziniert. Es scheint Iwan nicht darum zu gehen, ob Priester gut oder schlecht sind. Die zentrale Frage dreht sich um dies: Sind wir allein im Universum, oder sind wir es nicht? Auf hochgestochene Art den eventuellen Sinn des Lebens zu diskutieren – unverbindlich, ein wenig blasiert –, das gibt es bei Dostojewski nicht. Seine Figuren bewegen sich am Rande des Zusammenbruchs. Die Frage ist zutiefst ernst. Damit spaßt man nicht. Das merkt man nicht zuletzt daran, daß der provisorische Charakter des Daseins deutlich wird. Wenn jemand stirbt oder wenn die Einsicht in die Vergänglichkeit des Lebens sich aufdrängt, ist jedermann gezwungen, Iwans Fragen im tiefsten Ernst zu stellen.

Mitleid als Ansprache

Aljoscha sagt dazu fast nichts. Aber er ist der Gute, einer, der in seiner ganzen Art den Gegensatz zur Ungläubigkeit verkörpert, nämlich das schlichte Vertrauen auf das Leben, die Unsterblichkeit und Gott. Und das ist offenbar einer der entscheidenden Punkte bei Dostojewski. Fromme Menschen tragen bei einer intellektuellen Auseinandersetzung selten den Sieg davon. Aber sie sind es, zu denen man sich hingezogen fühlt, bei denen man sein möchte. Man möchte an ihrem Geheimnis teilhaben. Fürst Myschkin in *Der Idiot* ist eine solche geheimnisvolle und scheinbar naive Gestalt. Die Frage nach Gott stellt sich zwar auf dem Niveau des Intellekts, aber die Antwort, die geistige Gewißheit gibt, kommt nicht – und dies ist eine Voraussetzung, um Dostojewski zu verstehen – aus der Logik, sondern daraus, daß man unverdient Güte und Mitleid erfährt. Sicherlich haben die Gläubigen oft logische Argumente, aber die sind es nicht, die ihnen ihre Gewißheit geben. Sie beziehen ihre Sicherheit aus der Erfahrung, daß sie die Empfänger einer überirdischen Zärtlichkeit sind.

Gerade das bezeichnen Zweifler als intellektuelles Aufgeben oder naive Romantik. Nein, sagt Aljoscha zu Iwan: »Man muß das Leben mehr lieben, als es Sinn hat.« Gott fängt die Weisen mit ihrer eigenen Weisheit, die Vernunft kann auch ein Gefängnis sein. »Manchmal ist zwei mal zwei nicht vier, sondern fünf.« Weder Gefühle noch Gedanken sind das Wichtigste im Leben, sondern Güte, Gemeinschaft und Barmherzigkeit.

In einigen Briefen erkennt man Dostojewskis eigene Ambivalenz, aber sie ist eingebettet in Trost: Während er in Sibirien inhaftiert ist, schreibt er:

… weil ich es selbst erfahren und durchgemacht habe, will ich Ihnen sagen, daß man in solchen Augenblicken ›wie trockenes Gras‹ nach dem Glauben lechzt und ihn schließlich findet, eigentlich nur aus dem Grunde, weil man im Unglück die Wahrheit klarer sieht. Ich will Ihnen von mir sagen, daß ich ein Kind dieser Zeit, ein Kind des Unglaubens und der Zweifelsucht bin und es wahrscheinlich (ich weiß es bestimmt) bis an mein Lebensende bleiben werde. Wie entsetzlich quälte mich (und quält mich auch jetzt) die-

*se Sehnsucht nach dem Glauben, die um so stärker ist, je
mehr Gegenbeweise ich habe.*[5]

Dostojewskis Hauptpunkt ist klar, es gibt eine göttliche
Macht im Dasein. Aber die kann man nicht mit Logik er-
gründen, sondern nur als Sehnsucht erfahren. Man kann ihr
nur in Form von selbstlosem Mitleid begegnen und von ihr
berührt werden. Der objektive Ausdruck dafür war der hi-
storische Jesus selbst, er, der mit den Seinen mitgelitten hat.
Nur durch ihn kann der Gedanke und der seelische Durst
schließlich gelöscht werden.

Das klingt vielleicht romantisch. Aber Fakt ist, daß Dostojewski es sich zum Lebensprojekt gemacht hatte, den
durch und durch guten Menschen zu zeichnen, jemanden,
der einen Kontrast zu denen bilden konnte, die von Zwei-
feln geplagt wurden. Die törichte Güte findet sich in *Schuld
und Sühne* bei der frommen Sonja, die sich prostituierte, um
Geld für ihre Familie zu beschaffen. Durch ihre selbstlose
Liebe zu Raskolnikow – obwohl er ein Mörder war – konnte dieser schließlich unter großer Pein seine eigene Schuld
erkennen und damit ein neues Leben beginnen. Ebenso
war es mit Fürst Myschkin, dem Tor im Roman *Der Idiot.*
Aljoscha, der junge Mönch in *Die Brüder Karamasow,* ist
schweigsam, aber er besitzt einen Glauben, der Berge versetzt. Er fungiert in der Erzählung als Katalysator. Unter den
wenigen Sätzen, die er im Restaurant sagt, ist seine Antwort
auf Iwans Frage: »Soll man das Leben mehr lieben, als es
Sinn hat?« Und Aljoscha antwortet: »Unbedingt: liebgewin-
nen soll man es vor aller Logik, wie du sagst, unbedingt muß
es früher sein als alle Logik, und dann erst wird man auch
seinen Sinn erfassen.«[6]

Es ist, als ob Dostojewski meint, daß die Rätsel immer
ungelöst bleiben. Niemand kann sich seinem intellektuellen

Jakobskampf entziehen. Alle kommen früher oder später in die wunde Welt des Zweifels. Jeder Mensch hat einen Iwan in sich. Auf Dauer geht es nicht, immer nur fröhlich zu sein oder zu glauben, daß Gott alle Probleme löst. So etwas klingt falsch und wird eigentlich zu einem Ausdruck von blankem Zynismus, eine Art und Weise, Zweifel unter den Teppich zu kehren. Nein, alle Menschen – auch die christlichen – haben ihre latenten inneren Zweifel. Das einzige, was dem wunden Schmerz dieser Gedanken entgegensteht, ist die Zärtlichkeit. Die Güte, nicht die Vernunft ist es, die die Welt errettet.

Seine Kritik am Zweckoptimismus und an der Rationalität ist ein heißes Eisen für einen aufgeblasenen westlichen Menschen. Nicht Scharfsinnigkeit oder rational aufgebaute Gesellschaftsgebäude – mit gehorsamen Mitbürgern, die sich in ihnen einrichten – retten die Welt, sondern die frei gewählte gute Tat. Und ich lese in *Aufzeichnungen aus einem Kellerloch*:

> Sollten Sie behaupten, man könne auch dies nach der Tabelle berechnen, sowohl das Chaos als auch die Finsternis und den Fluch, so daß schon die Möglichkeit der Berechenbarkeit allem Einhalt gebietet und die Vernunft das letzte Wort behält – so wird der Mensch in diesem Fall absichtlich verrückt werden, um keinen Verstand mehr zu haben, um auf dem Seinen bestehen zu können. Ich glaube daran, ich bürge dafür, denn genaugenommen scheint das ganze Anliegen des Menschen tatsächlich bloß darin zu bestehen, daß der Mensch sich immerfort beweist, er sei ein Mensch und kein Stiftchen!

Er schreibt weiter:

> ... was kann es da noch für einen eigenen Willen geben,

*wenn es schon bis zur Tabelle und zur Arithmetik gekommen
ist, wenn nur noch zwei mal zwei gleich vier Gültigkeit hat?
Zwei mal zwei wird auch ohne meinen Willen vier sein ...
Und wer weiß (man kann wohl nicht dafür bürgen, vielleicht liegt auch das ganze Erdenziel, dem die Menschheit
zustrebt, allein in der Unaufhaltsamkeit des Strebens, mit
anderen Worten – im Leben selbst, nicht aber in dem eigentlichen Ziel, das nichts anderes sein kann, versteht sich,
als zwei mal zwei gleich vier, das heißt eine Formel; zwei
mal zwei gleich vier ist aber nicht mehr Leben, meine Herr-
schaften, sondern der Anfang des Todes.*[7]

Wenn ich mich im postsowjetischen Rußland so umsehe,
denke ich an die Kritik, die Dostojewski gegen das ganze
marxistische Gebäude richtete, lange bevor es überhaupt erbaut worden war. Er kritisiert das Gesellschaftsmodell, in
dem die individuelle Verantwortung abgedankt hat und der
Führer alles mit mathematischen Modellen lenkt. Deshalb
zu behaupten, daß man bekommt, indem man gibt, daß
man sich selbst gewinnt, indem man sich selbst vergißt, oder
daß man das Leben erbt, indem man stirbt, ist ebenso un-
populär wie ungewöhnlich, sowohl in den Zeiten des dres-
sierten Kollektivismus wie in denen des narzißtischen Individualismus.

Die Kraft der Güte

In *Die Brüder Karamasow* gibt es eine Frau, die unfähig ist
zu glauben. Sie geht zum Starez Sosima und ist verzweifelt
über ihre ständigen Zweifel. Sie findet das unerträglich. Sosima antwortet kurz: »Zweifellos tödlich! Aber beweisen
kann man da gar nichts, sich überzeugen lassen hingegen,

das kann man wohl.« Als die Frau daraufhin fragt, wie und wodurch denn, antwortet Sosima:

Durch den Versuch der werktätigen Liebe. Seien Sie bestrebt, Ihre Nächsten zu lieben, tätig und unentwegt. In dem Maße, als Sie Fortschritte machen werden in der Liebe, werden Sie sich auch überzeugen sowohl vom Dasein Gottes wie von der Unsterblichkeit Ihrer Seele.

Die werktätige Liebe hingegen – das ist Arbeit und Durchführen und für einige somit am Ende gar eine ganze Wissenschaft. Ich sage Ihnen aber voraus, daß sogar in ganz demselben Augenblick, wenn Sie mit Entsetzen erkennen werden, daß Sie ungeachtet aller Ihrer Anstrengungen sich nicht nur nicht dem Ziel näherten, sich vielmehr von ihm entfernten – zu dieser selben Minute, ich sage Ihnen das voraus, werden Sie ganz plötzlich auch dieses Ziel erreichen und klar über sich erschauen die wunderwirkende Kraft des Herrn, der Sie die ganze Zeit über liebte und Sie heimlich geleitete die ganze Zeit hindurch.[8]

Dostojewskis Botschaft kann ungefähr so interpretiert werden: Wenn du, Mensch, Gott finden willst, mußt du in der realen Welt beginnen: den kranken Verwandten besuchen, bei dem du dich nie gemeldet hast, den Einsamen anrufen, um den sich niemand kümmert, gerade zu denen Kontakt suchen, die als langweilig und uninteressant gelten und mit denen niemand etwas zu tun haben will. Bei ihnen liegt der Anfang des geistlichen Lebens. Ein Leben in der Nachfolge Christi kann niemals ohne Liebe und ohne Wiedergutmachung an höchst konkreten Menschen in deiner Nähe funktionieren. Und es geht um jene, die du kennst – weitab von heldenhaften Missionarseinsätzen oder den exotischen Dschungeln der Dritten Welt. Der christliche Geist beruht unter anderem auf der Entdeckung, daß der Mensch um so mehr zurückbekommt, je mehr er denen gibt, die wenig oder gar nichts haben. Auf Dostojewskis Grabstein steht: »Wahrlich, wahrlich, ich sage euch: Es sei denn, daß das Weizenkorn in die Erde falle und ersterbe, so bleibt's allein; wo es aber erstirbt, so bringt es viel Früchte.« – derselbe Text, der dem Roman *Die Brüder Karamasow* als Motto vorangestellt ist.

Und ich denke: Dostojewski sollte vielleicht denen, die nach dem lebendigen Gott suchen, sagen: Lest mehr Bücher! Der Weg zu Gott nimmt seinen Anfang durch Liebe und Mitleid. Liebt jene, um die sich niemand kümmert; wer gibt, dem wird wieder gegeben. Solange man auf seinen eigenen Nabel starrt, bleibt man mit seinem vergrämten Intellekt sitzen. Indem man die Menschen, die Schöpfung und die Schönheit liebt, entdeckt man Gott. Aljoschas Rat hat nichts mit geistiger Resignation zu tun, er bedeutet eher, daß man nach tieferen Quellen als seiner eigenen Vernunft suchen soll, was für einen westlichen Menschen eine ungewohnte Vorstellung ist. Das Herz hat manchmal Gründe, die die Vernunft nicht kennt.

Stille und der Respekt vor dem Heiligen

Ich gehe zurück zur dunklen Christi-Verklärung-Kathedrale. Es ist voll dort drinnen. Ältere Frauen stellen sich dicht vor einer Ikone auf. Sie küssen sie mit großer Ehrfurcht. Alle bekreuzigen sich und verneigen sich tief. Es gibt kein Gestühl, man wandert in der Kirche umher. Manche stehen lange vor den Ikonen. Die Priester haben so tiefe Stimmen, als stiegen sie vom Mittelpunkt der Erde auf. Hier gibt es keine Orgel, kein Cembalo, überhaupt keine Instrumente. Nur diese

Baßstimmen, die sich wie kräftige Säulen aus dem Inneren des Daseins erheben. Die Priester gehen durch die Ikonostasentür aus und ein. Goldglanz, Weihrauch, der Geruch von nasser Wolle und Zigaretten. Stille, Ehrfurcht, Respekt. Die langen Bärte der Priester wirken majestätisch. Ich bemerke, daß einer der jüngeren Priester unter seinem langen Gewand Turnschuhe trägt.

Hinterher treffe ich mich mit einem jungen Theologiestudenten. Wir sprechen über die russische Gläubigkeit, den Duft des Heiligen, den Weihrauch, der zum Himmel steigt. Die Kraft der visuellen Theologie. Er erzählt von einem Buch des Exilrussen Vladimir Lossky, der über die Mystik, den byzantinischen Geist geschrieben hat.[9] Der junge Theologe hat eine seltsame Art, zu sprechen. Sein schütterer Bart hängt strähnig herab. Er blickt oft auf sein Handy – er erwartet eine Mitteilung von einem Freund in den USA. Sie arbeiten gemeinsam an einer Homepage über die russische Mystik.

Nachdem wir an der heiligen Liturgie teilgenommen haben, gehen wir in ein Restaurant. Wir essen Zwiebelsuppe und Blinis; der Tee ist heiß und das Lokal verräuchert. Während er spricht, kaut er auf einer selbstgedrehten Zigarette. Seine Augen scheinen hervorzustehen, weil die Brillengläser so stark sind. Er hat eine blasse Haut und erzählt langsam und umständlich. Er zündet sich eine neue Zigarette an, schaltet das Handy ab, wir bestellen mehr Tee.

Der Respekt vor dem Heiligen ist wichtiger als die kritische Reflexion über Gott, sagt er ganz unbekümmert. Es wird ein Gespräch fern jeder Einfachheit und Banalität. Wem es zu schnell geht, sollte sich an seinem Sitz festhalten – mein Tip ist, den folgenden Abschnitt in kleinen Häppchen zu lesen. Warum sollte das Leichtverdauliche der beste spirituelle Reiseproviant sein?

Ich versuche, für mein Gegenüber einige Zeilen von Tomas Tranströmer ins Englische zu übersetzen: »Er legte die
Feder weg. Sie ruht still auf dem Tisch. Sie ruht still im lee-
ren Raum. Er legte die Feder weg. Zu viel, was sich weder
schreiben noch verschweigen läßt!«[10] »Genauso ist es«, sagt
er, »die Mystik balanciert die ganze Zeit auf der Schneide
zwischen dem, was sich nicht sagen läßt, und dem, was
trotzdem gesagt werden muß. Das Heilige bewegt sich auf
der Grenze zwischen Sprache und Nicht-Sprache.« Unter
»Mystik« wird manchmal etwas Seltsames und Kryptisches
verstanden. Aber in der Welt der russischen Orthodoxie
steht sie für das offensichtliche Wissen, das eine Person von
einer spirituellen Realität hat. Sie ist etwas anderes als die
sichtbare Wirklichkeit, jene, die wir in Forschung und Lehre studieren und systematisieren. Blumige Berichte über die
Erfahrungen mit dem Unsichtbaren finden sich in zahlrei-
chen idealisierenden Heiligenbiographien und in introvertierten Betrachtungen über die Tiefe der Seele.

Andere Mystiker haben barsche Ratschläge hinterlassen.
So ist beispielsweise die Sprache der Wüstenväter wie in Gra-
nit gehauen; sie besteht aus gehämmerten und kondensier-
ten Maximen. Während seiner langen Jahre in Sibirien las
Dostojewski sowohl die Kirchenväter als auch die Wüstenväter. Sie sind wenig einschmeichelnd. Ein Teilelement in ihrer Mystik handelt gerade vom ewig Unsagbaren. Dieses Etwas muß man wie einen Schatz im zerbrechlichen Tongefäß
der Worte tragen: es wird Gott genannt.

Die Art des jungen Theologen, über das Göttliche zu
sprechen, ist fern von platten Vereinfachungen und Äußerlichkeiten. Sie hat nichts zu tun mit Pastor Astor Flanells sal-
bungsvollen Ergüssen. Es gibt einen Respekt vor dem, was
sich nicht mit Worten sagen läßt und trotzdem ausgedrückt
werden muß. Aber es geht nicht um die Qual des Ästheten,

die Schaffenskrise des Dichters oder den Schmerz des Künstlers. Es ist die Qual des Heiligen.

Er sagt, daß der Mensch in seinem Inneren einer geistigen Dunkelheit begegnet, einer Leere, die sowohl verlockend als auch erschreckend ist. Im Innersten des Menschen verbirgt sich ein Sehnen. Es beruht darauf, daß der Mensch als solcher halb, einsam, unvollkommen ist und sich deshalb immer nach seiner anderen Hälfte sehnt – die Gott ist.

Das, was wir in vorangegangenen Kapiteln als innere Trauer, existentielle Unruhe oder Sehnsucht nach Sinn beschrieben haben, kann nach Meinung der Mystiker nicht auf eine innenweltliche Rastlosigkeit reduziert werden. Das wäre ein Irrtum. Die Sorgen der großen Lebensfragen beruhen auf einer geistigen Realität, sie sind eine umgekehrte Indikation der Existenz des Ewigen. Und ich erzähle von Gunnar Ekelöfs berühmten Worten: »... die Unendlichkeit existiert – weil sie uns fehlt ...«[11] Er nickt zustimmend.

Mißtrauen gegenüber der Sprache

Wir bekommen die obligatorischen Watruschki serviert – süße quarkgefüllte Butterkuchen – und setzen das Gespräch fort. Er erzählt, daß die Rituale, die Ikonen, der Weihrauchduft, die Gesten und Verneigungen der Priester und Hilfsgeistlichen, die Prozessionen, die Gesänge und die zärtlichen Küsse die Relation des Menschen zum Unsichtbaren ausdrücken. Dies tun sie gerade dadurch, daß sie nicht verbalisieren. Die heilige Liturgie *enthüllt und verbirgt zugleich,* daher ihre suggestive Kraft.

Es ist die messerscharfe Schneide zwischen dem notwendig Verborgenen und dem menschlich Ausgesprochenen, auf der sich die Sprache der Mystik und die rituelle Gestaltung

Gottes bewegen. Der Mensch wird auf seine Ahnungen, auf Andeutungen verwiesen statt auf theoretische Schlußfolgerungen. Theologie wird damit zur *Doxologie,* zu Lobpreisungen, die sich eher an das unbeschreibbare Andere richten, als Aussagen über eine eventuelle göttliche Realität zu treffen.

In der orthodoxen Mystik gibt es ein Mißtrauen gegenüber der Sprache, ein Mißtrauen, daß jedoch nicht nur Schweigen beinhaltet. Im Gegenteil, es ist ein wichtiger Punkt, daß alle Rede über Gott sich innerhalb der Zone bewegen muß, die mitten zwischen dem Sagbaren und dem Unsagbaren liegt. Wie eine geschmeidige Katze schlüpft Gott durch die Maschen der Fangnetze, die von den sprechenden Predigern ausgeworfen werden, ein und aus. Oder, um es mit Ludwig Wittgenstein zu sagen, das Sprachspiel der Theologie hat sein Fundament natürlich in gesellschaftlichen Übereinkünften. Gleichzeitig repräsentiert es etwas, was außerhalb der verbal aufgestellten Falle liegt. Es ist dieses »Dahinter«, das man nur ahnen, aber doch nicht ignorieren kann.

Mein Gegenüber rückt seine Brille zurecht und erzählt, daß die Ostkirche keinen Unterschied zwischen dogmatischer Theologie und Mystik macht, zwischen den Lehren der Kirche und einer persönlichen Erfahrung des Göttlichen. Statt dessen behauptet sie, daß ein Mensch überhaupt kein *Wissen* über das Heilige erhalten kann, wenn er nicht gleichzeitig von dem Heiligen *berührt* werden will. Es ist also nicht möglich, durch Nachdenken oder Lesen zu einer Erfahrung des lebendigen Gottes zu gelangen. Die Liturgie der Kirche – eine Mischung aus Ästhetik, kollektivem Erinnern an und Vorgeschmack auf Unsterblichkeit – ist sowohl Voraussetzung für diese durch die Sprache angedeutete Erfahrung als auch Konsequenz daraus. Gleichzeitig handelt der Glaube davon, verwandelt zu werden.

In der antiken Kirche spricht man oft von »der göttlichen Finsternis«. Der Begriff geht zurück auf den ältesten Verfasser der Mystik, den geheimnisvollen Dionysios Areopagita. Er unterschied zwischen zwei Typen der Gottesbehauptung. Die erste besteht aus Aussagen (er nennt dies die *kataphatische* oder positive Theologie), die zweite aus Negationen (die *apophatische* oder negative Theologie). Die positive Theologie sagt beispielsweise, daß Gott unendlich ist, er ist gut, er ist gerecht usw. Die negative Theologie sagt statt dessen, daß man nur sagen kann, was Gott nicht ist. Der erste Typ führt zu einem bestimmten Wissen von Gott. Das ist jedoch nicht verläßlich, da es nach menschlichen Kategorien urteilt – also ein unvollkommener Weg.

Der andere Typ dagegen – jener, der sagt, wer oder was Gott nicht ist – führt zu völligem Unwissen. Dies ist – paradox genug – der vollkommene Weg, der einzige richtige, wenn es um die Realität geht, die ihrer Natur nach den Grund des Daseins ausmacht. Über Gott spricht man deshalb am besten dadurch, daß man sich auf ihn als den Un-Ermeßlichen, den Un-Ergründlichen, den Un-Endlichen, den Un-Faßbaren etc. bezieht.

Hier muß ich protestieren. Ist es nicht gerade der Kernpunkt des christlichen Glaubens, daß Gott sich zeigt, daß er sich *nicht* verbirgt? Wozu sonst Christus? Weshalb sonst die Offenbarung? Wenn Gott nur unergründlich sein soll – nein danke, dann lieber ohne mich.

Der junge Mann nimmt sein Handy, geht hinaus auf die Straße und bleibt eine gute halbe Stunde weg. Ich gieße Tee nach. Als er zurückkommt, sage ich: »Aber ist dieses Gerede über Gottes Heimlichkeit nicht so etwas wie intellektuelles Sich-geschlagen-Geben?« »Nein«, erwidert er, »alles Wissen zielt ja auf das ab, was ist. Aber Gott ist hinter dem Existenten, weil er ja doch der Grund oder die Voraussetzung für alles Existieren ist. Um sich ihm zu nähern, muß man folglich Abstand nehmen von all dem, was kleiner ist als er, das heißt von allem, was existent ist.«

Er sagt, daß dies mitunter noch radikaler formuliert werde: Wenn derjenige, der Gott sieht, weiß, was er da sieht, dann hat er nicht Gott selbst gesehen, sondern etwas Begreifbares, etwas, das kleiner ist als Gott. Deshalb erkennt man nur durch das Nicht-Wissen, *agnosia,* den, der hinter jedem Wissensobjekt ist. Wenn man den Weg des Nicht-Wissens geht, steigt man von niedrigeren Ebenen zu höheren, man trennt sich Schritt für Schritt von all dem, was man wissen kann, und nähert sich so dem Unbekannten in der Finsternis des absoluten Nicht-Wissens.

Hier treffen wir auf eine Frömmigkeit, die das genaue Gegenteil ist von der Frömmigkeit desjenigen, der mit felsenfester Sicherheit erklärt, wer Gott ist und was er will – was in fundamentalistischen Kreisen ziemlich üblich ist. Die Angst vor Mehrdeutigkeit scheint manchmal in enger Symbiose mit Frömmigkeit zu gedeihen. Nein, hier zeigt sich Respekt sowohl vor dem Unvermögen der Sprache, das Göttliche einzufangen, als auch vor dem Geheimnis des Menschen.

Und dies erinnert daran, daß sich in der mittelalterlichen Theologie eine ganze Flora von Metaphern für das heimliche Dunkel findet, in dem Gott seine Herrlichkeit verbirgt. Ein Dichter, der diese Vorstellung aufgreift, ist der anonyme englische Verfasser des Buches *The Cloud of Unknowing* aus dem 13. Jahrhundert. Sein Kernpunkt ist, daß der Mensch von sich aus nur etwas von Gott ahnen – aber nicht wissen – kann. Nur Gott kann Wissen über sich *verschenken,* genau das ist es, was Gnade ausmacht. Die Einsicht in diese Zusammenhänge ist schmerzhaft und demütigend, nicht zuletzt für den Intellektuellen, der immer der Meinung war, er

»kann alles alleine«. Diese brutale Erkenntnis ist besonders bedrohlich für den *Homo academicus.*

Unfaßbarkeit ist die einzig richtige Definition von Gott

Der Versuch, Gott schließlich zu verstehen, ist jedoch nicht dasselbe wie müßiges Ausruhen auf gedanklichen Küchenso-fas. Eher liegt darin ein ehrfürchtiger Respekt vor der rätsel-haften Kehrseite des Daseins. Fast alle Mystiker beschreiben die Selbstaufgabe als äußerst schmerzhaft. Sie hat viele Na-men – Umkehr, Wiedergeburt, Eintritt in das neue Leben. Gleichzeitig ist gerade dieser Kollaps des Geistes, der Sinne und der Vernunft – manche nennen ihn den *Ich-Tod* – der Beginn des Glaubens. Erst wenn der Mensch als solcher stirbt, gewinnt er sich selbst.

Die Bibelstellen, die von den Orthodoxen angeführt wer-den, stammen oft aus dem Alten Testament. Als Moses auf den Berg Sinai ging, heißt es, hat er sich Schritt für Schritt von seinem Verlangen nach Wissen befreit. Einzig jenseits von dem, was sichtbar ist – wo man jedoch gesehen werden kann –, nähert man sich »der Wahrheit des Nicht-Wissens« in einer geheimnisvollen Wolke. Von Moses heißt es, bei-spielsweise in dem schmalen Band *Das Leben Mose,* er habe auf jegliches positive Wissen verzichtet. Gott ist ein Gott, der die Finsternis zu seiner Wohnung gemacht hat. Unfaß-lichkeit ist die einzig richtige Definition von Gott. So meint Johannes Damascenus, daß das einzige, was der Mensch be-greifen oder besser gesagt erfahren kann, diese seine Angst vor dem Unfaßbaren ist. *Die Angst* ist ein Indiz für die Rea-lität des Abwesenden.

Gott ist also kein *Objekt,* über das man philosophieren

kann, sondern ein *Mysterium,* dem man mit großem Erstaunen und Erzittern begegnet. Die Russen stehen dem Gott der professionellen Philosophen oder Universitätstheologen skeptisch gegenüber. Der Gott, über den in den Universitäten gesprochen wird, ist das Ergebnis scharfsinniger Gedankenspiele, fast immer ohne moralische Implikationen. Deshalb sprechen sie lieber vom Gott Abrahams, Isaaks und Jakobs, der sich offenbart und den Menschen offensichtlich als eine *schmerzhafte* Realität berührt.

Der Apophatismus (daß man nur sagen kann, was oder wer Gott nicht ist) ist deshalb eine existentielle Einstellung, eine Sinnesverfassung, die sich weigert, Begriffe von Gott zu formen, um statt dessen in Verwunderung zu verstummen. Wer glaubt, an irgendeinem Punkt zu wissen, was Gott ist, hat einen verdorbenen Sinn, sagte Gregorius von Nazianzos im 4. Jahrhundert. Nur der Gott, der natürlicherweise nicht zugänglich ist, ist der einzige, ohne den man nicht sein kann.

Ein anderer der drei großen kappadokischen Väter, Basilius der Große, klingt erstaunlich postmodern, wenn er sagt, daß wir beim Betrachten von Objekten deren Eigenschaften analysieren und auf diese Weise unsere Begriffe davon formen. Aber durch eine solche Analyse können wir niemals in erschöpfender Weise die Objekte erfassen, die wir betrachten. Es bleibt immer ein »irrationaler Rest«, an den wir nicht herankommen und der nicht durch Begriffe ausgedrückt werden kann. Das unergründliche Innerste der Dinge, das, was ihr undefinierbares und darum wahres Wesen ausmacht, bleibt verborgen.

Auch Gregorius von Nyssa meint, daß jeder Begriff, der auf Gott angewendet wird, eine Täuschung, ein Trugbild, ein Götze ist. Jedes Wort, das wir, ausgehend von unseren Vorstellungen und von dem, was wir von Natur aus verstehen, formulieren, formt Götzenbilder, die Gott verhehlen:

Es gibt nur einen Zustand, der ein wirklicher Ausdruck für die Natur Gottes ist, und das ist das Erstaunen, das die Seele beim Gedanken an Gott ergreift.

Ich denke, daß die russischen Mystiker so fern jeder Objektivität stehen, wie man es sich nur vorstellen kann. Sich des zerbrechlichen Charakters glattzüngiger Wortspiele sehr wohl bewußt, verzichten sie auf diese. Statt dessen hegen sie die große Zuversicht, daß es ein Etwas jenseits der Sprache gibt, dem zu dienen sie berufen sind. Man könnte schon sagen, daß ich von dieser Zuversicht ergriffen bin. Aber eine gewisse Verwunderung bleibt doch.

Russischer Jazz –
zwischen Klezmer und John Coltrane

Oh, mir schwirrt der Kopf, als ich auf die Straße hinaus trete. Diese theologischen Abgründe verursachen mir Schwindel. Mysterien in allen Ehren, aber ich frage mich, wo die Güte und die Liebe dabei bleiben? Sind das alles nicht nur gedankliche Spitzfindigkeiten? Was hilft die Mystik einem Menschen, den die Unruhe in seinem Inneren quält? Nein, ich bevorzuge doch Aljoscha oder Sonja, und ich denke an den heiligen Franziskus, der die Armut predigte. Er versteckte sich nicht hinter dem Wortschwall der Mystik. Statt dessen sagte er einfach: »Gibt denen, die nichts haben.«

Es wird ein langer Abend. Nachdem ich an den Kanälen entlanggeirrt bin, finde ich schließlich einen Jazzclub. Um den Kopf freizubekommen, sitze ich dort mehrere Stunden und höre einem Quartett aus Kasachstan zu. Der Bassist hat lange Haare, die vor und zurück schwingen. Er tanzt an seinem Bass. Der Schlagzeuger öffnet nie die Augen, er bleibt in seiner Welt hinter den geschlossenen Lidern. Die Musik hört sich an wie eine Mischung aus John Coltrane und polnischem Klezmer. Der Raum ist voller Jugendlicher; es herrscht gespannte, stille Aufmerksamkeit, trotz der fesselnden Rhythmen.

Die Tage vergehen, ich wandere durch die kalte Stadt. Ich stehe eine Weile auf dem Balkon, auf dem Lenin seine Rede an die Menschenmassen hielt. Ich gehe eine Runde durch die Eremitage, aber die Hallen sind kühl und kilometerlang.

Ich fliege heim und bin schnell zurück im Alltagsleben; Studenten, Lehrveranstaltungen, Papiere, Telefonate, Mails und Konferenzen. Aber der junge Theologe mit dem schütteren Bart geht mir nicht aus dem Sinn. Eines Abends gehe ich zum Bücherregal und ziehe Göran Tunströms *Solveigs Vermächtnis* hervor. Nach einigem Blättern finde ich die Stelle, die ich gesucht habe:

Gott »gibt« es nicht. Ich glaube an ihn.
Wenn es ihn »gäbe«, wäre er ein Gefangener der Sprache und folglich unser Sklave.
Wenn es uns »gäbe«, wären wir Gefangene unserer Sprache. Das sind wir auch.
Sobald ich meinen Zwergenblick von Gott abwende und ihn zu fixieren versuche, verschwindet er, um überall dort sichtbar zu werden, wo er nicht ist. Seine Abwesenheit ist die Voraussetzung für seine Existenz. So kann man argumentieren, und das tue ich auch.
Und ich verabscheue diejenigen, die nicht an Gott glauben. In mir ist genug Leere, um Rosen welken zu lassen. Sind genug Schreie, um Nächte zerbrechen zu lassen. Ist genug Sehnsucht, damit sich Menschen im Krieg töten lassen.
Aber ohne Gott müssen so viele Worte sterben: Diejenigen, die keinen Fixpunkt mehr finden.[12]

7 | Assisi im Mai

Über Lebensfreude, geistliche Regeln und Schweigen

Die Heide

Sie war wie eine Kirche für mich.
Ich betrat sie leichten Fußes,
den Atem haltend wie eine Mütze in den Händen.
Alles war Stille.
Gottes Wesen war zu spüren,
nicht zu hören, in reinen Farben,
die das Auge feucht werden ließen,
im Streichen des Windes über Gräser.

Kein Gebet wurde gesprochen. Doch des Herzens
Leid verstummte – das war Lobgesang
genug; und die Gedanken gaben ihr Reich auf.
Ich wanderte weiter,
einfach und gering, während die Luft freigebig mir
zu Krumen gebrochen wurde wie Brot.[13]

R. S. Thomas

Nach Umbrien!

Frühsommer liegt in der Luft. Ich gehe auf die sonnen-
überflutete Piazza hinaus, zusammen mit Mr. und Mrs.
Jones, Herrn Tanaka und Signora Sabatini, die Brot zum
Frühstück eingekauft hat. Sie hat es in die gestrige Ausgabe
der Zeitung *Il Tempo* eingeschlagen. Die ganze Messe hindurch verströmte es seinen wunderbaren Duft. Aber Rom ist
viel zu hektisch. Durch den stockenden Verkehr – der wohl
seine ganz eigene Logik hat – fahre ich in nördlicher Richtung aus der Stadt. Die Vespa schnurrt.

Ich fahre die alte Via Flamina entlang nach Norden, passiere die kleinen Orte Castelnuovo di Porto und Civita Ca-
stellana. Ich entscheide mich, den längeren Weg zu fahren.
Nach und nach komme ich hinaus aufs flache Land, unter-
quere die laute Autobahn – Strada del Sol – und fahre in öst-
licher Richtung durch blau schimmernde Täler an einem
frisch erblühten Blumenmeer entlang. Die Farben wechseln
ständig. Hier riecht es nach Benzin und Staub. Vor den Städten Terni und Spoleto liegen Autowracks. Esel stehen still in
der Sonne.

Das Kloster San Martina ist leuchtend rot und von statt-
lichen Zypressen umgeben. Der Wind aus der Ebene streicht
kühl unter der Platane hindurch, wo ich sitze und eine Pause mache. Vom winzigen Marktplatz aus kann man das Tal
bis hinauf nach Perugia erahnen. Kleine Städtchen mit mit-

telalterlichen Burgen klammern sich an die terrakottafarbenen Berge. Um die Mittagszeit herum bin ich auf die Straße nach Trevi abgebogen, eine mittelalterliche Stadt, die an einem der steilen Berghänge klebt. Sie scheint von den Touristen noch nicht entdeckt worden zu sein. Über den Häusern liegt eine Fünfziger-Jahre-Atmosphäre wie in einem Film von Fellini. Alles ist auffallend gepflegt. Katzen liegen auf den heißen Motorhauben geparkter Autos. Aus einer Trattoria dringt Musik. Ein älterer Mann verkauft Brot und Lotterielose. Zwischen den Autos drängeln sich Mopeds, Vespas, Motorräder. Aber keine Fahrräder. Hier bleibe ich eine ganze Weile. Vögel schwirren Hunderte von Metern über meinem Kopf durch die Luft. Vor jedem Fenster blühen üppige dunkelrote Pelargonien. Ich sehe Hibiskus, Mimosen und Bougainvillea. Eine Gruppe Mädchen in Schuluniformen geht über den Marktplatz. Zypressen stehen stramm in Habacht-Stellung.

Nachdem ich weitergefahren bin, raste ich an den Quellen Fonti del Clitunno, einer Stadt, nicht weit von Campello entfernt. Aus der Erde quillt das Wasser angenehm kalt. Dieselbe Quelle wurde in der Antike von Vergilius und Plinius dem Jüngeren besucht. Das Wasser hat einen Beigeschmack, aber ich komme nicht darauf, wovon. Der romantische Dichter Lord Byron reiste im 19. Jahrhundert von Rom hier herauf, trank aus der Quelle und widmete ihr ein Gedicht: »süßeste Woge von lebendigstem Kristall ... reinste Gottheit von edlem Wasser«.

Dann setze ich den Helm auf und fahre weiter. Nach einer Weile tauchen die Schilder immer häufiger auf: Assisi 34 – Assisi 28 – Assisi 22. Schließlich sehe ich eine riesige Basilika wie einen Baumkuchen über pastellbunten Touristenbussen herausragen. Das ist Santa Maria degli Angeli. Ich passiere eine Gruppe finnischer und japanischer Pilger. Scharen von Nonnen und singenden Schulkindern ziehen an mir vorbei, als ich die Vespa parke.

Die Kirche ist nicht schön. Errichtet im 17. Jahrhundert, wurde sie nach einem Erdbeben im 19. Jahrhundert umgebaut, und die Stilbrüche stechen ins Auge. In den 1950er Jahren wurde außerdem eine Unmenge von Fahnenmasten vor der Fassade aufgestellt. Die streng durchkomponierten Grünanlagen – eingerahmt von farbenfrohem Flaggenspiel – tragen ihrerseits zu einem Eindruck von Künstlichkeit und Hollywood bei. Aber die Geschichte der Kirche ist interessant. Santa Maria degli Angeli wurde nämlich über einer benediktinischen Kapelle – *Portiuncula* – erbaut, in der der heilige Franziskus (1181 oder 1182–1226) mit seinen Ordensbrüdern Gottesdienste feierte. Die rustikale, aber winzige Kapelle erscheint im strengen Barockinterieur der Kirche so fehl am Platze wie ein Puppenhaus. An diesem Ort traf Franziskus den heiligen Dominicus, einen anderen katholischen Ordensgründer. Hier starb Franziskus im Kreise seiner Brüder. In diesem beinahe tausend Jahre alten Raum – der vielleicht dreißig Personen Platz bietet – bleibe ich sitzen.

Es ist ein Ort, an dem Millionen von Pilgern ihre Wallfahrt beenden; jeden Tag besuchen Tausende von Menschen diese Kirche. Viele fallen auf die Knie oder stehen in Ehrfurcht erstarrt. Einige zünden Kerzen an. Ich auch. Von einem der Seitengänge aus kann man in den Klostergarten schauen. Dort wachsen die berühmten franziskanischen Rosen, denen die Dornen fehlen.

Ich bin so lange gefahren, daß die Haut von Sonne und Wind brennt. Die steile Serpentinenstraße führt hinauf zur mittelalterlichen Stadt Assisi, fünf Kilometer von der Kirche auf der Ebene entfernt. Die Stadt liegt hoch oben auf einem Berg, wird aber teilweise von ihren mittelalterlichen Mauern verborgen. Ich finde in den Hof eines Klosters, parke und gehe in die Stille hinein. Es gibt viele Menschen in dieser Stadt, die ihr Leben der Stille geweiht haben. Franziskus ist ihrer aller Vorbild. An ihn erinnert jeder Stein in der Stadt, seine scharfen Gesichtszüge finden sich auf Halstüchern, Ansichtskarten und billigen Halsketten. Einige Tage lang wandere ich buchstäblich auf seinen Spuren, mache ich einen Pilgergang.

Die Fensterläden halten während der Sommermonate die Hitze fern, aber noch ist es nicht allzu heiß. Durch das Fenster blickt man hinaus auf die umbrische Ebene, fast bis nach Perugia. Die Stille ist ohrenbetäubend. Autos sind innerhalb der Stadtmauern verboten. Dafür hört man die Vögel, die hier fast noch zahlreicher als anderswo herumschwirren. Der Platz vor der Kirche wäre übrigens beim Erdbeben von 1997 beinahe den Hang hinunter gerutscht. Starke Seile hielten ihn an seinem Ort. Die Wärme, die über den Äckern liegt, zieht herauf und schiebt sich hinein in die Gassen. Vor dem Kloster gibt es eine Terrasse, auf der sich große Zypressen leicht im Wind wiegen.

Il poverello –
Gottes »kleiner Armer«

Am nächsten Morgen gehe ich hinauf zur Stadt. Ich gehe durch die Porta Nuova hinein und erreiche nach einer Weile die Piazza del Commune. Die Sonne brennt heiß, aber sie kommt nicht bis in die Ecke, wo ich sitze. Hier ist es kühl. Ich sehe, wie ein Franziskanermönch ein gegenüberliegendes Geschäft betritt.

Was ist so faszinierend an Bruder Franz – an ihm, der »il poverello«, der kleine Arme, genannt wurde? Dieser Heilige ist ja der absolute Gegensatz zu Konsum, Individualismus und Hektik. Er ist der Begründer des Klosterordens *Fratres Minores*, der sogenannten Minderbrüder. Wer hätte sie noch nicht gesehen, die Bilder, auf denen er den Vögeln predigt oder barfüßig mit einem Seil um den Leib dahergeht, die Kapuze im Nacken, oder sein berühmtes Lied an die Sonne singt? Im Zug zwischen Mailand und Rom sah ich einen seiner Nachfolger – einen rundlichen Franziskanermönch –, der schwer in seinem Sitz auf der anderen Seite des Ganges saß. Er las den *Corriere della Sera* und trank Sprite. Es gibt Tausende solcher Frater rund um die Erde; sie tragen braune, knöchellange Gewänder, Sandalen und ein weißes, grobes Seil um den Leib. Sie besitzen nichts, sie haben ihr Leben der Armut geweiht, der Keuschheit und dem Gehorsam – die klassischen Klostergelübde. Franziskus fügte noch ein Gelübde hinzu: Freude.

Unzählige Menschen sind von seinem Schicksal ergriffen. Ein Flugplatz unten in der Ebene pumpt täglich Pilger aus allen Ecken der Welt in die Stadt. Sein dritter Orden – für Laien – nimmt auch in Schweden an Größe zu.

Aber wer war er? Ja, es rankt sich eine ziemlich auffällige Flora von Legenden um sein Leben – wie bei allen Heiligen –, und es ist schwer, an ihnen vorbeizukommen. Sie sind sentimental bewundernd und naiv. Doch in den letzten Jahren gab es auch vermehrt seriöse Forschungen über den Mann und die Geschichte seines Ordens.

Man weiß, daß sein Vater Don Pietro Bernadone war, ein wohlhabender Tuchhändler. Er war ein großer Anhänger des vornehmen Lebensstils, von Kleidern und französischer Kultur. Pietro Bernadone hatte seine Donna Pica, Franziskus' Mutter, auf einer seiner Handelsreisen in die Bretagne kennengelernt. Der Sohn wurde auf den Namen Giovanni, Johannes, getauft. Aber da der Vater alles Französische liebte, wurde der Knabe Francesco gerufen. Er wuchs zu einem verwöhnten jungen Mann heran, mit Geld um sich, schätzte das gute Leben, *la gaia scientia,* und trieb sich herum. Offenbar war er schon früh jemand, der das Leben auskostete und gerne feierte. Es war das Jahrhundert der Troubadoure; Gesang, Wein und kulinarische Genüsse gab es an den Höfen des Landes im Überfluß.

Dann passierte es. Als er an einem Feldzug teilnahm, wurde er gefangengenommen und kam für ein Jahr in den Kerker. In der Folge war er eine Zeitlang schwer krank. Nach seiner Genesung war seine Ausgelassenheit wie weggeblasen; er fühlte in sich nur öde Leere und Langeweile. Materiell gesehen fehlte es ihm an nichts, aber die Genüsse, die ihm früher so viel Freude gemacht hatten, reizten ihn nicht mehr. Nichts konnte ihn mehr begeistern, weder Wein, Weib noch Gesang. Im Alter von vierundzwanzig Jahren zog er sich zurück. Er saß häufig in der Kirche, suchte immer öfter die Einsamkeit und betete. Er strebte nach einem Leben in Schlichtheit und Armut, und er besuchte die Kranken und Armen. Seine Liebe dehnte er auch auf die wilden Tiere aus; bekannt ist das Bild, wo er in seinem einfachen Gewand dasteht und den Vögeln predigt. Sie sitzen um ihn herum und lauschen.

Im Jahr 1206 hatte er in der damals völlig verfallenen Kirche San Damiano eine Vision. Dort wurde ihm klar, daß er fortan im Geiste des Evangeliums leben wollte, *die freudige Armut* wurde zu seiner Botschaft. Er brach mit seiner Familie, verschenkte all seinen Besitz an die Armen – zur großen Verzweiflung seines Vaters. Es gibt ein Gemälde von Giotto in der großen Kathedrale, auf dem Franziskus völlig nackt auf dem Marktplatz steht, weil er seine Kleider dem Vater gegeben hat. Nach der Legende sagt er bei diesem Anlaß, daß er fortan nur noch einen Vater kenne, »den, der im

Himmel ist«. Der Tuchhändler verlangte empört, daß sein Sohn sich dem Ruf entziehen solle. Doch Franziskus war überzeugt: Die einzige dauerhafte Freude ist dadurch zu erlangen, Christus nahe zu sein, sich nicht an irdische Dinge zu binden und den Schwächsten beizustehen. In tiefem Zuvertrauen übereignete er sich Christus, aber radikal – nicht in symbolischem Sinne. Die meisten Menschen hatten zur damaligen Zeit eine Todesangst vor den Aussätzigen. Nicht so Franziskus, er ging in die Siechenhäuser rund um Assisi, besuchte die Ausgestoßenen und kümmerte sich um sie, ohne an die möglichen Folgen zu denken.

Seine Botschaft war und ist immer noch radikal eindeutig (vielleicht wirkt er deshalb so abschreckend und anziehend zugleich): Tiefste Befriedigung, Seelenruhe und innere Freude findet nur, wer dem Beispiel Christi in eigenen Taten folgt, wer ganz bewußt ein einfaches Leben anstrebt, sich der Dinge entledigt, die ihn beschweren und hemmen, und sich statt dessen hingibt – mit seiner Zeit, seiner Fürsorge, seiner Wärme – ohne Erwartung, selbst etwas dafür zu bekommen. Er hatte seine Bibel gelesen: »Gebt, so wird euch gegeben« (Lukas 6,38) und »Denn wer sein Leben erhalten will, der wird's verlieren, wer aber sein Leben verliert um meinetwillen, der wird's finden« (Matthäus 16,25).

Das einzige, was ein Mensch im Grunde braucht, ist Zärtlichkeit, Liebe und Respekt für den Mitmenschen. Wenn er das besitzt, kommt alles andere ganz automatisch. Der Friede ist immer eine Nebenerscheinung. Franziskus' Frömmigkeit ist weit entfernt von der unergründlichen Tiefe der russischen Mystik. Für ihn ist die ganze Angelegenheit nicht dunkel, nicht in schwarzen Nächten verborgen. Christus ist in die Welt gekommen, und in seiner Nachfolge kann man sicher und vor Leid und Tod geborgen im Jetzt leben.

Vielleicht ist es diese praktische und konkrete Schlichtheit, die so attraktiv ist. Er bietet eine klare Alternative an – ein Leben in der Nachfolge Christi. Franziskus ist nicht bekannt für komplizierte Dogmen oder Auslegungen theologischer Spitzfindigkeiten. Statt dessen repräsentiert er eine radikale Form des Christseins. Mitten hinein in den vergrübelten Individualismus und den egozentrischen Narzißmus unserer Zeit schickt er seine Worte über die Notwendigkeit, *sich selbst zu opfern,* sich selbst zu vergessen, um zu geben. Aber darin liegt keine Selbstquälerei, kein vergrämtes Opfer. Die Lebenseinstellung des Gebens ist vielmehr gleichbedeutend mit Freude und Selbstverwirklichung, und dies auf einer ganz anderen Ebene als der des Egoismus.

Vor allen Dingen ist es sein Leben, das diese Botschaft predigt – weit mehr als seine Worte. Von Anfang an war Franziskus jenen in der Kirche ein Dorn im Auge, die sich an Macht und Überfluß gewöhnt hatten. Er kritisierte ihren Reichtum und ihre Oberflächlichkeit.

Als er freiwillig seinen Lebensstil änderte – Genuß und Überfluß des Bürgertums gegen die Schlichtheit und Demut des Dieners tauschte –, weckte das große Verwunderung. Am Anfang wurde er von seinen alten Freunden verspottet. Sie dachten, er sei verrückt geworden. Auch die Kirche war gegen ihn. Man hielt die Art und Weise, wie er vorging, für übertrieben. Doch immer mehr Menschen zog es zu ihm hin. Im Spiegel seiner schlichten Freude, seiner Lieder und seines radikalen Lebensstils traten ihre eigene Kleinlichkeit und ihre Unfähigkeit zu geben besonders hervor. Die Jagd nach Wohlstand und irdischem Erfolg erschien in seiner Nähe trivial. Franziskus strahlte etwas aus, was ihnen selbst fehlte, von dem sie aber ahnten, daß es das Richtige war: daß *die Freude vom Geben kommt* – nicht dem Hingeben von Sachen und Geld, sondern von sich selbst. In der Begegnung mit seiner konsequenten Demut entlarvten sich Berechnung und Selbstgerechtigkeit der anderen – jedoch ohne eine Spur von Verurteilung. Seine Demut war nicht servil.

Die Leute waren fasziniert von seiner Botschaft, daß man die Armen lieben soll, aber noch mehr wurden sie von seinem Lebensstil angezogen. Irgendwann begannen sie sich ihm anzuschließen, obwohl er selbst zu Anfang dagegen war. Erst nach und nach begriff er es als Gottes Wille, daß sich um seine Idee herum ein Klosterorden bildete. Da begab er sich nach Rom und bekam seinen Orden (OFM, Ordo Fratres Minorum) im Jahre 1210 vom Papst bestätigt. Fortan war er zwischen dem stillen meditativen Leben und der aktiven Ordensarbeit zerrissen. Einerseits wollte er sich dem Gebet hingeben und ein abgekehrtes Leben in der Nachfolge Christi führen; er wohnte zeitweise in Höhlen des Berges Subasio oberhalb der Stadt. Andererseits versammelten seine schlichten Verkündigungen immer mehr Menschen unten auf der Ebene bei Portiuncula, die Bewegung wuchs lawinenartig. Später schickte er seine Ordensbrüder zu zweit aus, Gehorsam gegen Christus zu predigen, den Kranken beizustehen und die schlichte Freude in Christi Nachfolge zu verbreiten.

Nach nur wenigen Jahren, so berichtet die Legende, pilgerten schon fünftausend Menschen zu ihm. Er selbst mochte die ganze Aufmerksamkeit nicht, er zog sich zurück. Aber die Arbeit mit der Organisation des Ordens ging weiter, er reiste nach Spanien und nahm 1215 am Laterankonzil teil, einer katholischen Versammlung. Ein paar weitere Jahreszahlen: 1224 soll er der erste gewesen sein, der stigmatisiert wurde, das heißt, an seinem Körper erschienen die Wundmale Jesu, nachdem Christus sich ihm gezeigt hatte. Am 3. Oktober 1226 starb er, zwei Jahre später wurde er heiliggesprochen. Im April 1228 legte Papst Gregor IX. den Grundstein zu seiner Kirche, ein Stück von hier entfernt. Schon

1230 war der Bau der »unteren Kirche« vollendet, so daß Franziskus' sterbliche Überreste dorthin überführt werden konnten. Noch einmal rund fünfzig Jahre später wurde die riesige Kathedrale erbaut, heute »obere Kirche« genannt. Auf den Fresken – gemalt vom zeitgenössischen Künstler Giotto – kann man bis heute die wichtigsten Szenen aus Franziskus' Leben sehen. Dante beschrieb den heiligen Franz von Assisi in seiner *Göttlichen Komödie*. In unserer Zeit ist er der meistgeliebte von allen Heiligen; er ist Italiens Schutzheiliger. 1986 versammelte der Papst alle religiösen Führer der Welt, darunter den Dalai Lama, zum Gebet in Assisi.

Bevor ich hierher gereist war, hatte ich seinen Namen im Internet gesucht. Die Website der Franziskaner war innerhalb von nur wenigen Monaten von 5600 Leuten aufgerufen worden. Vierundvierzig kurze Lebensjahre vor rund achthundert Jahren. Was gibt uns dieser Bruder Franz, Freund der Vögel, der der genaue Gegensatz zur Rastlosigkeit war, Frieden ausstrahlte und Menschen und Tieren predigte, ein Jahrtausend vor den Protestdemonstrationen der Tierrechtsaktivisten?

Die Sonne geht unter, ich esse eine einfache Mahlzeit und mache mich auf den Weg zum Kloster. Zusammen mit den Mönchen und den übrigen Besuchern singe ich das Completorium. Die braunschwarze Dunkelheit senkt sich auf die Stadt. Katzen schleichen durch die Gassen.

Monte Subasio

Am nächsten Tag klettere ich auf einen Berg oberhalb der Stadt. Fliegen und Bienen surren. Es weht eine milde Brise, und die Vögel stehen still in der Luft, Hunderte von Metern über mir. Es ist schön, aus dem Zentrum herauszukommen.

Die Stadt ist aufdringlich in ihrer Frömmigkeit; an jeder Straßenecke gibt es Läden mit blinkenden Jesusstatuetten, selbstleuchtenden Marien und Unmengen von Rosenkränzen. Franziskus ist auf Aschenbechern, Halstüchern und Stiften abgebildet. Die Stadt ist voller Mönche, Priester und Nonnen, die an den Steigungen nach Atem ringen, und Schulklassen belagern die Trattorien. Touristenführer gehen mit ihren andächtig sich umschauenden Gruppen herum. Hin und wieder spricht jemand einen Psalm.

Ich sehe hinaus auf die ockerfarbene Ebene. Es ist unendlich schön; das Licht ist von einer ganz besonderen Durchsichtigkeit. Tief unter mir in einem der Täler geht ein Mann und pflügt. Das Pferd sieht aus dieser Höhe wie eine lange Ameise aus. Die Felder leuchten dunkelgrün, hellgelb und kornblau – mit Einsprengseln von leuchtendem Rot und intensivem Gelb.

In einem Buch lese ich, daß genau an dieser Stelle, am Hang hinauf zum Monte Subasio, Franziskus gestanden hat, als er aus der Gefangenschaft und der Zeit seiner Krankheit heimkehrte. Er war hier hinauf gestiegen, um die Aussicht zu genießen und sich an der Schöpfung zu erfreuen, so wie er es immer getan hatte. Da merkte er, daß die Schönheit – das, worüber er später im Leben sprechen und predigen sollte – ihn überhaupt nicht berührte. Die Schönheit hatte ihren Glanz verloren. Durch die Krankheit hatte er eine Trauer über die Oberflächlichkeit seines Lebens kennengelernt, ebenso wie eine Sehnsucht danach, sein Leben etwas Größerem hingeben zu dürfen.

Hier trat er seine innere Reise an.

San Damiano

Ich wandere durch die steilen Gassen, lasse die Mauern der Stadt hinter mir und gehe einen schmalen Weg hinunter zur Ebene. Busse stehen mit laufendem Motor in der Sonne. Zigarettenrauch mischt sich mit Blumenduft. Am Hang unterhalb des Parkplatzes und der Olivenhaine liegt die Kirche San Damiano; ich gehe hinein. Es ist auffällig, wie laut in der Kirche noch die Schreie der Vögel zu hören sind. Es ist, als wollten sie sich einmischen in das, was man denkt.

In der einst völlig verfallenen Kirche gab es vorn ein Kruzifix, ein byzantinisches Kreuz. Franziskus saß oft dort und sah es an, während er einsam betete. Dieses Kreuz befindet sich jetzt in der Kirche Santa Chiara oben in der Stadt. Eine klassische Legende berichtet, daß Franz eines Tages, als er das Kreuz betrachtete, Jesus mit klarer, deutlicher Stimme sagen hörte: »Gehe hin und baue meine Kirche wieder auf.« Das war für ihn das Zeichen zum Aufbruch. Das war die Antwort. In dieser Stunde wurde die Leere, die er in sich spürte, durch eine große Freude abgelöst.

Da er praktisch veranlagt war, ging er ohne Umschweife zu seinem Vater und lieh sich Geld. Er beschaffte Werkzeug und begann, die kleine Kirche wieder aufzubauen. Sein Vater war zuerst sehr aufgebracht, da er der Meinung war, Franziskus handle überzogen; genausogut hätte man das Geld in den See werfen können. Doch Franz setzte seine Arbeit unbeirrt fort. Er wanderte herum und besserte auch andere Kirchen aus, er schenkte immer mehr von sich und seiner Zeit hin, und er freute sich darüber, wie leicht das Dasein war, weil ihn keine materiellen Dinge beschwerten.

Nach ein paar Jahren erkannte er, daß nicht der Bau von Gotteshäusern das Wesentliche war. Der Gedanke, eine innere Kirche zu bauen, ließ ihm keine Ruhe. Das war der

Zeitpunkt, an dem Franziskus nach Rom reiste, um einen Orden zu stiften. Dort hatte er ein langes Gespräch mit Papst Innozenz, der sich zu Anfang sehr kritisch zeigte. Aber, so berichtet die Legende, der Papst hatte in der Nacht nach dem Gespräch mit Franziskus einen Traum; in dem sah er, wie die große Lateranbasilika (der Sitz des Bischofs von Rom) im Begriff war, zusammenzustürzen. Doch genau an der Stelle, wo die Säule brach, sah er ganz deutlich Franziskus in seinem einfachen Gewand stehen. Mit seiner Schulter stützte er das gesamte Kirchengebäude.

Vielleicht erkannte der Papst, daß dieser einfache, arme, geliebte und liebenswerte Franziskus der Kirche eine moralische Stütze in einer kritischen Periode des Verfalls sein konnte. Ob der Papst diesen Traum wirklich gehabt hat, dürfte schwer zu entscheiden sein. Aber in weiterem Sinne war und ist Franziskus immer noch eine Art Kirchenbaumeister. Ihm ging es nicht um die äußere Organisation, sondern um die Ursprungsbedeutung des Wortes *kyriakos,* das heißt »dem Herrn gehörig«. Indem er den inneren Gehalt des Christentums betonte – das Gebet, den Glauben, die Lebensfreude und die Liebe –, brachte er neues Leben in die zur damaligen Zeit völlig erstarrten Glieder der Kirche. Bis heute inspiriert er eine ungeahnte Zahl von Menschen.

Man darf nicht vergessen, daß er nie mit der Kirche brach. Andere zeitgenössische Gruppen zeigten sich ganz offen kritisch, nicht zuletzt die Katharer. Franziskus bat hingegen seine Ordensbrüder, normale Kirchen zu besuchen, die Kirchenordnung zu befolgen und regelmäßig zu beichten. Seine Ordensgemeinschaft war der Kirche gegenüber solidarisch – wenn auch nicht unkritisch.

Ich gehe wieder nach draußen, wende den Blick nach links und lese in meinem Buch, daß der berühmte »Sonnengesang«, in dem Franziskus Gott und die Schöpfung, Schwester Sonne, Bruder Mond, Mutter Erde und Bruder Tod preist, hier an dieser Stelle geschrieben wurde. In dieser Kirche befand sich auch die heilige Klara, auf italienisch Santa Chiara. Sie war eine der frühesten und engsten Anhängerinnen von Franziskus' Lebensstil. Adelig geboren, gab sie alles auf, schnitt sich die Haare ab (worauf eine staunende Touristengruppe hingewiesen wird) und legte einfache, grobe Kleidung an. Nur ein Jahr nach ihrem Beschluß, ein einfaches Leben zu führen, verließ sie Franziskus und sah ihn zu seinen Lebzeiten nie wieder. 1215 durfte Klara ihren eigenen Orden stiften. Sie starb siebenundzwanzig Jahre nach Franziskus.

Basilica di San Francesco

Anschließend steige ich mühsam hinauf zur Basilika des heiligen Franz. Sie ist gigantisch und hat eine seltsame Geschichte; zwei Kirchen sind übereinander gebaut. Drinnen ist es kühl. Leute strömen herein und hinaus. Rucksacktouristen trinken Wasser im Schatten vor der Kirche. Ich frage mich, wo die Armut geblieben ist. Der Kontrast zwischen dem, was hier zu sehen ist, und Franziskus' Lebensstil ist auffallend.

Eine Treppe tiefer in der Grabkapelle liegt sein Leichnam begraben. Neben dem Altar hängt Giottos Porträt von ihm – so nah, wie wir diesem Heiligen wohl überhaupt nur kommen können. Viele stehen ehrfürchtig vor dem Grab. Am Ausgang sind Sammelbüchsen aufgestellt; sie sind so klein, daß man sie kaum sieht. Ein Schild bittet: »Für die Armen«. Alle gehen achtlos vorbei.

Neben dem Portal sitzt ein Mann in schäbiger Kleidung. Mit einer Geste versucht er, die Leute auf sich aufmerksam zu machen. In seinem Blick liegt etwas Verlegenes; seine Situation ist ihm unbehaglich. Er hält die Hand ausgestreckt. Pilger und Touristen schlecken gutgelaunt Eis und gehen vorbei. Eine Mutter mit Kind steht erst mit gesenktem Kopf vor einem Altar. Dann schickt sie ihr Kind mit ein paar Münzen zu dem Bettler. Eine alte italienische Frau gibt ihm ebenfalls etwas. Ein Priester aus Holland lotst seine Gruppe durch die Menge, indem er eine weiße Serviette hoch in die Luft hält. Taizé-Jugendliche singen voller Inbrunst in der Kirche. Sie scheinen ganz versunken in ihrer Andacht zu sein; ihre Ehrfurcht ist offensichtlich. Aber für den Mann am Portal haben sie keinen Blick übrig.

Niemand kann sich Franziskus entziehen. Er ist immer noch provokativ. Dieses ganze Bauwerk ist grandios, und die künstlerischen Ausschmückungen sind exzellent. Giottos Fresken sind rein, schlicht – sie scheinen aus sich selbst heraus zu leuchten. Seine Darstellung *Franziskus predigt aller Kreatur* ist weit entfernt vom barock Überladenen. Aber Franziskus bleibt seltsam unberührt von all dem Gewimmel, all den Mönchen und andächtigen Gläubigen aus aller Herren Ländern. Er selbst wirft eine Reihe Fragen auf, eine Mahnung, einen Stachel: »Wo ist eure Einfachheit und Demut geblieben? Wohin ist das schlichte Leben verschwunden, wer spricht von der Notwendigkeit, sich selbst zu verlieren? Wer hilft den Armen und Ausgestoßenen?«

Vielleicht würde er zu uns sagen: »Über Langsamkeit, Spiritualität und Mystik zu sprechen ist sicherlich wichtig. Aber was davon ist Selbstbespiegelung und Selbstbezogenheit und Schutz vor Zerrissenheit? Wer gibt von seiner eigenen Zeit, seiner Aufmerksamkeit und seiner Fürsorge für andere? Das *Geben* ist der Weg. Die Liebe ist nichts Fremdes für den Menschen – sie ist des Menschen Bestimmung. Erst in ihr wird der Mensch heil. Erst in Gott findet die Seele ihre Ruhe.«

Der Durst und die Quelle

Eines Nachmittags spiele ich Basketball mit einigen jüngeren Brüdern aus einem der Klöster. Sie binden ihre langen Gewänder hoch und laufen, daß der Staub nur so über die Piazza weht. Hinterher sitzen sie im Schatten. Sie trinken Eiswasser, reden laut und eifrig. Viele haben einen interessanten Beruf hinter sich; da gibt es einen Banker, einen IT-Spezialisten, einen Arzt, einen Lehrer, einen Busfahrer, einen Konditor. Die meisten leben schon seit mehreren Jahren hier.

Wir reden über Franziskus. Sie sagen, daß alles mit gutem Essen und üppigen Mahlzeiten begonnen hatte. Als junger Mann war Franziskus durch die Gegend gezogen und hatte kein Fest ausgelassen – heute würden wir ihn vielleicht einen Zechbruder nennen –, und er konnte die provençalischen Gesänge auswendig. Aber gerade in diesem Überfluß lagen auch Leere und Überdruß. Diesen Überdruß hat die Kirche als *vocatio* – Berufung – interpretiert. Die Brüder sagen, daß es gerade dieser Zug an Franziskus' Leben war, den sie in ihrem eigenen Leben wiedererkannten. Gerade als sie sich alles leisten konnten – Freizeit, Reisen, gutes Essen, Kreditkarten und Luxus –, hatte sich eine dunkle und kalte Sinnlosigkeit eingeschlichen. »Sie ist ein Teil in Gottes eigenem Werk«, sagt einer der jungen Mönche mit entwaffnender Klarheit.

»Ein Psychologe mag es vielleicht Lebenskrise oder existentielle Unruhe nennen – aus menschlicher Perspektive stimmen diese Bezeichnungen sicher auch –, aber vor dem Horizont meines christlichen Glaubens ist Ruhelosigkeit ein Ausdruck der grundlegenden Verirrtheit ohne Gott.« Er zitiert Augustinus: »Unser Herz ist unruhig, bis es Ruhe findet in Dir, o Gott.«

Die Mönche sagen, Franziskus' Leben erinnere daran, daß diese Sehnsucht zutiefst ernstgenommen werden muß. Man kann sie nicht ignorieren. Sie läßt sich vielleicht durch Konsum oder zerstreuende Erlebnisse vorübergehend betäuben, aber nach gewisser Zeit kommt sie als dumpfe Verzweiflung zurück. Die existentielle Unruhe ist nicht durch Luxus, Erotik, Psychologie oder Ästhetik auszulöschen. Sie ist ein *geistiger* Durst, sie ist real und kann durch nichts anderes gelöscht werden als durch das Wasser der Ewigkeit. Die tiefe Schlucht der Nichtigkeitserfahrung ist keine Folge irgendwelcher Zufälligkeiten, sie ist keine Nostalgie oder Leere im weitesten Sinne. Tief drinnen in der Unruhe des Menschen erklingt eine Stimme, die sagt: »Du mußt deinen Frieden vom Äußeren, dem Vergänglichen, auf das Innere, das Ewige verlagern. Du mußt die Quelle suchen, die allen Durst löscht. Diese Quelle findest du bei Christus.« Das ist Franziskus' Botschaft, knapp und klar. Gerade weil er wußte, daß das Leben ein Provisorium ist, liebte er es, die Tiere, die Sonne und die Vögel – vor allem die Vögel.

Das Gespräch verstummt, und ich sehe hinaus über die Stadt. Und ich denke daran, daß es Mai ist und viele Leute ihre Träume auf den Sommer verlagert haben. Bald liegen die Menschen am Strand, und es geht ihnen gut. Die heitere Sommernacht, die Schreie des Brachvogels werden zu Lockrufen des Einen. »Anwesenheit von Gott. Im Tunnel des Vogelgesangs wird ein verschlossenes Tor geöffnet«, schreibt Tomas Tranströmer.[14] Franziskus würde sicher beipflichten, daß die Natur eine Manifestation des Schöpfers ist. Die Strophe des »Sommarpsalms« kannte er natürlich nicht: »Ein freundliches Grün hat mit reichem Kleid Tal und Wiesen geschmückt. Nun streicheln des Windes sanfte Lüfte die anmutigen Krautbetten.«[15] Aber vielleicht würde er beim Schlußvers zustimmend nicken: »Alles Fleisch ist Heu. Alles geht dahin, und bald verwelkt das Gras. Allein bei Dir, Herr, ist das Sein unvergänglich.«[16]

Vielleicht hätten ihm auch die Worte des Liedermachers Cornelis Vreeswijks gefallen:

Steig aus dem Bett nun, Annkathrein, und höre mir zu, es ist wichtig, das Glück ist tückisch wie süßer Wein, genieße es darum vorsichtig. Denn trinkst du es ohne Bedacht, verliert es allen Glanz über Nacht, dir bleibt nur die leere Flasche und bittere Tränen und Asche.

Der Überdruß ist eine *Mahnung* an den Menschen, sich an sicherere Quellen zu flüchten.

»Aber mißverstehen Sie uns nicht«, sagt einer der Mönche. »Man kann unendlich lange dasitzen und die Natur betrachten, die Heiterkeit der Sommernacht genießen oder guter Musik lauschen. Durch so etwas kann man vielleicht ein Gefühl dafür bekommen, *daß* Gott existiert, aber nicht dafür, *wer* Gott ist. Man kann ein wehmütiges Sehnen verspüren, wenn man Bach hört oder Hildegard von Bingen liest, und doch der Ruhe in Gott nicht näherkommen. Man kann Kunst betrachten oder Gott bei den Wüstenvätern suchen. Aber letztlich bleibt das alles dürftig.« Franziskus sprach es direkter aus: Der Friede wird durch eine offenbare Person vermittelt – Jesus Christus. Ihn kann man kennenlernen. Die Bibeltexte sind ganz entscheidend; franziskanische Frömmigkeit ist stark daran gekoppelt, daß man an die Inkarnation glaubt und Jesu Stimme gehorcht.

Das Wort »Gehorsam« ist nicht besonders populär. Der Jesus, den Franziskus anbetet, sagt, daß sein Wort der Geist und das Leben ist, er sagt sogar, daß er selbst die Wahrheit ist. Diese Worte sind schwer verdaulich in unserer postmodernen Zeit, die allem prinzipiell Unwißbaren huldigt. Daß es jenseits menschlicher Konstruktionen etwas geben soll und daß dieses Etwas oder dieser Jemand sich außerdem gezeigt hat, wird gerne als Wahnvorstellung, als illusorischer Trost abgetan.

Aber es ist Franziskus' Überzeugung – und ebenso die der meisten Christen –, daß Christus die Quelle ist, die Ruhe schenkt, ein Gegengewicht zu der nagenden Unruhe des Überdrusses. Bei ihm gibt es Schutz vor den Schrecken der Zeit und des Todes. Franziskus predigt, der Mensch müsse ausfindig machen, was diese Person tatsächlich gesagt hat, um dann zu handeln. Es ist gerade die *Handlung* mit Jesus als Vorbild, die Harmonie schenkt. Franziskanische Frömmigkeit ist weder romantisch, idyllisch noch theoretisch. Sie schmeichelt sich nicht ein, sondern fordert konkret: »Gib, dann wird dir gegeben!«

Franziskus ist kein Theologe des Grübelns. Wie sehr man auch nachdenkt – so kann man Gott nicht kennenlernen. Daß man die Lebensform selbst ausprobieren muß, wird immer wieder gesagt: »So jemand will des Willen tun, der wird innewerden, ob diese Lehre von Gott sei, oder ob ich von mir selbst rede« (Johannes 7,17). Ein Leben in der Nachfolge Christi kann niemals an den ganz konkreten gewöhnlichen Menschen, an ihrer Rehabilitation vorbeigehen. Der franziskanische Friede baut auf einer Entdeckung. Und ich denke an das, was der Starez Sosima in *Die Brüder Karamasow* sagt, daß man nichts beweisen kann – man muß einfach überzeugt sein.

Eine Spiritualität, die wunderbare innere Erlebnisse liebt oder sich über das Ausbleiben von Erlebnissen grämt und dies tut, ohne gleichzeitig sehr aktiv danach zu streben, jene zu lieben, um die sich niemand kümmert, hat wenig mit christlicher Überzeugung zu tun. Die, die sich freuen oder grämen, ohne gleichzeitig danach zu streben, sich das zu *ver-*

dienen, wonach sie streben, sind Opfer einer selbstbezogenen sentimentalen Nabelschau, sagt einer der Mönche, mit denen ich hier sitze. Für den Kummer, den viele darüber empfinden, daß sie einsam oder bedeutungslos sind – auch im geistlichen Sinne –, gibt es eine effektive Abhilfe. Es sind deshalb nicht irgendwelche merkwürdigen Welten, über die er spricht, sondern höchst gegenwärtige Verhältnisse.

Das Gebet, das Franziskus zugeschrieben wird, hängt an der Wand meines kleinen Zimmers:

Herr, laß mich trachten: nicht, daß ich getröstet werde, sondern daß ich tröste; nicht, daß ich verstanden werde, sondern daß ich verstehe; nicht, daß ich geliebt werde, sondern daß ich liebe. Denn wer da hingibt, der empfängt; wer sich selbst vergißt, der findet; wer verzeiht, dem wird verziehen; und wer stirbt, erwacht zum ewigen Leben.

Perugia spät in der Nacht

Assisi ist eine friedliche, schöne Stadt – nicht zuletzt am Abend. Ich habe von der Musikszene in Perugia reden gehört, und um etwas Abwechslung in die Abende zu bringen, fahre ich mit einem der Brüder zusammen hin. Bevor er in den Orden eintrat, war er Bassist, kein Wunder, daß er von Chet Baker und Bill Evans erzählt. Er sitzt auf dem Sozius, als wir eines Abends Richtung Norden fahren. Nachdem wir angekommen sind, muß er zunächst noch etwas erledigen, also setze ich mich in eine Trattoria und schaue mich um.

Der Besitzer wieselt durch das kleine Lokal. Je später der Abend wird, desto mehr rötet sich sein Gesicht. Ich zähle zweiunddreißig Gäste, deren Bestellungen er aufnimmt; er deckt auf, serviert, kassiert und macht Scherze. Es wird immer wärmer, bald sind die Fenster beschlagen. Ein dröhnendes Gelächter löst das nächste ab. In der winzigen Küche sitzt eine dicke Signora in einem verschlissenen Korbsessel aus den dreißiger Jahren. Sie strickt unablässig. Ein Enkelkind steht hinter der Theke. Die Frau lacht. Durch eine kleine Öffnung in der Wand werden dampfende Nudelgerichte herausgereicht, Fettucine, Cannelloni und Tagliatelle. Nur die Hände sind zu sehen, aber man ahnt kräftige, womöglich behaarte Unterarme, die Tabletts nach draußen reichen und benutztes Geschirr hereinholen. Im Hintergrund ist italienischer Gesang zu hören. Es duftet nach Trüffeln – für die Umbrien bekannt ist –, Brot, Knoblauch und Weinessig. Durch die Tür dringt Mopedlärm herein. Der Mann eilt zwischen den Tischen hin und her. Der Koch in der Küche schwitzt ordentlich. Alle essen, der Rauch steigt zur Decke, Gelächter dröhnt. Offenbar wird über Fußball diskutiert.

In einer Ecke sitzt ein Mann allein. Er mag vielleicht achtzig sein. Er sitzt zusammengesunken, tief konzentriert. Der Hemdkragen ist nicht mehr ganz sauber. Die Brille hat er hoch auf die Stirn geschoben. Er hält sich ein Buch ganz dicht vor die Augen und folgt jeder Zeile mit dem ganzen Gesicht. Unberührt von Lärm und Hitze, das Halstuch bis über die Nasenspitze gezogen, läßt er sich von den Augen langsam durch den Text lotsen. Nachdem er eine halbe Seite gelesen hat, legt er das Buch aus der Hand, sieht über die plaudernden Gäste hinweg und redet lange und eingehend mit sich selbst. Er scheint mit einem Widersacher zu streiten. Niemand beachtet ihn.

Dann trinkt er einen Schluck Wein und steckt die Nase wieder ins Buch. Langsam wie eine Schnecke arbeitet er sich durch jeden Satz. Manchmal blättert er zurück und liest einen Absatz noch mal. Dann blickt er auf. Der Trubel scheint ihn nicht zu stören, oder besser, er scheint für ihn gar nicht zu existieren. Zwischendurch nimmt er einen Bleistift und schreibt ein paar Zeilen auf eine Serviette. Er malt Pfeile nach rechts und links. Eine Art Labyrinth entsteht. Verschütteter Wein auf dem karierten Tischtuch. Eine dunkelrote Serviette mit Bleistiftstrichen. Er legt das Buch zur Seite, es ist eine Taschenbuchausgabe von Augustinus' *Confessiones,* und schlägt ein Mickymausheft auf.

Plötzlich verändert sich die Stimmung im Raum. Statt leise zu murmeln, beginnt er lauthals zu lachen. Der nahezu zahnlose Mund ist aufgerissen wie eine Tunnelöffnung. Weiße Bartstoppeln sprießen auf den Wangen, er sieht aus wie ein magerer Igel. Die Fußballanhänger rufen ihm ärgerlich zu, er solle aufhören. Er stört. Sie wollen den Sportkommentar hören. Aber der Mann amüsiert sich weiter ausgelassen über die italienische Ausgabe von Donald Duck. »Silenzio!« ruft der Lokalbesitzer. Dem Alten laufen die Lachtränen herunter. Die kräftige Signora kommt aus der Küche und bringt ihm ein Glas Rotwein. Er verstummt. Dann ist es drei Sekunden lang mäuschenstill. Anschließend bricht Jubel aus. Die eigene Mannschaft hat gewonnen. Laute Rufe und rote Gesichter.

Schwester Sonne und Bruder Mond

Spät am Abend probieren wir die toskanischen Weine. Ein kräftiger rubinroter Wein aus der Gegend südlich von Siena, *Brunello di Montalcino,* hinterläßt einen lange anhaltenden Nachgeschmack. Der junge Mönch erzählt. Er sagt, daß die franziskanische Tradition unter anderem zum Ziel hat, dem Menschen zu helfen, mehr Lebensgefühl zu entwickeln, eine Neugier auf das, was existiert. Keine Theoretisierungen, sondern einfach *Leben.* Franziskus schrieb äußerst wenig, um so

mehr sang er. Das Dasein ist ein Geschenk von einem Ge-
benden. Als erstes müssen wir die Fähigkeit trainieren, das
Leben überhaupt *wahrzunehmen*. Es findet sich in der Natur
und ist eine Herrlichkeit, die es zu erkennen gilt, sei es nun
das tiefer Freundschaft innewohnende Lächeln, sei es die
Schönheit der Wildnis. Man kann es den *schenkenden Charakter der Wirklichkeit* nennen. Es ist gratis und weit entfernt
vom massenmedialen, künstlichen und gekauften Konsum-
glück.

Das Glück liegt in den vielfältigen Tätigkeiten des Alltags, die allzu selten beachtet werden, und wenn man ihm
begegnet, hält man es oft für reinen Zufall. Aber diese »kleinen Glücksmomente« können als Codes betrachtet werden.
Man kann ihnen Geheimnisse entlocken, weil sie Gaben
vom Geber aller guten Gaben sind. Die Evangelien enthal-
ten eine Lebensbejahung und eine Freude über andere Menschen, über Gesang, Wein, Tanz und Freundschaft. »Erinnere dich, daß es eine der ersten Taten Jesu war, vierhundert
Liter Wasser in Wein zu verwandeln«, sagt der Mönch zu
mir. »Und es war guter Wein. Und vergiß nicht, daß er auf
einem Fest war.«

Die Schöpfung ist ganz und gar nicht nur eine neutrale
Arena für unpersönliche Kräfte und biochemische Wechsel-
wirkungen. Für den, der Augen hat zu sehen, ist da eine verborgene Hand. Die Schöpfung und die Vorstellung von einem Schöpfer gehören zusammen.

Diese »mitteilende« Seite der Wirklichkeit kann kaum
von jemandem erkannt werden, der es immer eilig hat.
»Gott freut sich über die Freude der Menschen«, sagt er
plötzlich und erzählt vom Starez Sosima in *Die Brüder Karamasow*.

Der Mensch kann paradoxerweise das Leben nur lieben,
wenn er aufhört, sich daran festzuklammern. Das krampf-

hafte Festhalten am Leben (und damit die Anbetung von Jugend, Kraft, Gesundheit und Erfolg) kann durch eine staunende, empfangende Haltung ersetzt werden. Das Leben ist keine Selbstverständlichkeit, sondern ein Geschenk. »Ja, aber ist das wirklich so einfach? Was ist mit Leid und Tod?« werfe ich ein. Doch der junge Ordensbruder läßt sich nicht aus dem Konzept bringen.

Über die Freude

Franziskus betont die Dankbarkeit für das Dasein, die kindliche Freude über das Leben, mehr als über dessen Sinn. Es gibt sie in der Natur und in der menschlichen Begegnung, das Leben ist ein Ton, den es zu hören gilt.

Es gibt einen *Oberton* in der Natur und in der Freundschaft. Aber in Natur und Freundschaft begegnen wir nicht nur einer unpersönlichen spirituellen Energie. Nein, dort existiert ein göttliches Du, eine Ansprache. Gott ist das eigentliche und ewige Du, das hinter dem Dasein ist, er ist der Absender. »Die Himmel erzählen die Ehre Gottes, und die Feste verkündigt seiner Hände Werk. Ein Tag sagt's dem andern, und eine Nacht tut's kund der andern« (Psalm 19,2–3). Franziskus zeigt, daß *Jemand* sich in der Freude verbirgt. Es gibt eine Verlängerung der persönlichen Zärtlichkeit zwischen Menschen, die von der Liebe von etwas oder eines Anderen zeugt. Deshalb verkündet Franziskus eine Art ökologischer Theologie – Dankbarkeit und Lobgesänge über den Herrscher des Universums.

Es gibt eine eingebaute Lebensfreude im Dasein. Sie wird durch alles Lebendige verbreitet, und sie ist gratis. Sie zu erkennen, für sie zu danken ist ein Glied in der geistlichen Entwicklung. Blumen oder Wolken, ein plätschernder Bach,

Freundschaft, leises Lachen, das Jauchzen eines Kindes an einem klaren Abend; scheinbar triviale Ereignisse müssen erkannt und als Erinnerungen an die höchsten Quellen der Freude begriffen werden. Eine Fahrt über Land an einem schönen Wintertag, eine heiße Tasse Tee an einem kühlen Abend sind keine Ausdrücke des Zufalls. Das sind verborgene Gemahnungen an eine andere Welt in dieser Welt.

Die Lebensregel

Der Mönch berichtet, bei Bruder Franz – wie in so vielen anderen Orden – werde daran festgehalten, daß es wichtig ist, einer Regel zu gehorchen. Dieser Gehorsam darf nicht mit Unterwerfung verwechselt werden, obwohl es in der Geschichte der Kirche genug Beispiele für Autoritätshörigkeit und Selbstquälerei gibt. Die Regel, der man sich unterordnet, soll deshalb gewählt werden, weil man sie für richtig hält und sie auch an den Tagen befolgen will, an denen man »keine Lust dazu hat«.

Die Menschen, die besonders viel erreicht haben, scheinen oft solche zu sein, denen es gelungen ist, ihrem Leben Ruhe und eine feste Ordnung zu geben, besonders wenn sie diese Festigkeit mit lebendiger Wärme vereinen konnten. Zwar wird dieser Geist der Regelmäßigkeit nicht immer von Spontaneität begleitet, aber die Kombination versetzt einen Menschen in die Lage, die erstaunlichsten Dinge zu vollbringen.

Wie das Betonen von Mystik zu unkritischem Denken führen kann, so kann der Vorsatz einer Lebensregel zu einem zwanghaften Festhalten an einem Entschluß führen, der ein für allemal gefaßt worden ist. Eine neurotische Veranlagung kann durch einen solchen Formalismus noch verstärkt werden. Aber solche Abarten schmälern die Tatsache nicht, daß »die Regel« ein klassisches Mittel zur Vertiefung des inneren Lebens ist.

Ich denke, wenn man das franziskanische Ideal übersetzte, würde vielleicht folgendes dabei herauskommen: Der Mensch sollte sich eine einfache persönliche Lebensregel vornehmen, gelte sie nun dem Tagesrhythmus, dem Wochenplan oder dem ganzen Leben. Er sollte seine Lebensziele formulieren und sie auf Papier festhalten oder sich ins Gedächtnis einprägen. Er kann damit beginnen, einige Punkte zu formulieren, es sollten nur wenige sein. Auf sie kann er zurückkommen, um dann und wann sein Leben darauf abzustimmen. In Zeiten geistiger Dürre muß er seine Regel mit noch größerer Treue befolgen als in den Tagen, an denen alles leicht geht und wie von selbst zu innerer Sammlung führt. Ein klassischer geistlicher Rat ist: »Bewahre die Ordnung, dann wird die Ordnung dich bewahren!«

Für das geistliche Leben dient die Regel als Pädagoge. Ohne eine solche Stütze riskieren wir, daß die besten Vorsätze im Sande verlaufen. Man kann ein paar Worte im Tagebuch, auf einer Festplatte oder in einem Taschenkalender festhalten. Die Regel sollte praktisch sein, direkt den Verstand ansprechen und persönlich sein. Erst wenn man die Regel gründlich durchdacht, sorgfältig ausgearbeitet, reifen lassen und nach allen Seiten abgeklopft hat, übt man sich darin, ihr treu zu sein. Regeln, Rhythmen und heilige Routinen spiegeln eine lange Weisheitstradition wider und tauchen als alte Bekannte immer wieder in der geistlichen Literatur auf. Sie sind viel üblicher als die Meinung, daß »der Wind weht, wie er will«. Eine Regel *schließt das ständige Schwanken* zwischen verschiedenen Alternativen *aus*. Sie ermöglicht es, einer bestimmten Richtlinie zu folgen. Entscheidend ist nicht die Menge der Vorsätze, sondern daß einige wenige Direktiven auch wirklich befolgt werden. Sie sollten so kurzgefaßt und so klar sein, daß man sich sich jederzeit ins Gedächtnis rufen kann.

Die Lebensregel gibt innere Festigkeit. Gleichzeitig ist sie ein Ursprung der Demut – sie zwingt den Menschen zu der schmerzlichen Erkenntnis, daß manchmal nicht alles wie geplant gelingt. Dadurch bleibt er dem Verzeihen und der Barmherzigkeit nahe.

An der Lebensregel, sagt mir der Ordensbruder, hält der Mensch fest, wenn auch in manchen Zeiten keineswegs mit Freude und Enthusiasmus. Aber er tut es dann aus Treue zu dem, was er als richtig erachtet. Zeitweise folgt er seinem inneren Weg eher mit dem Willen als mit dem Gefühl.

Entsagung

Franziskus wurde also »il poverello« genannt – der kleine Arme. »Also auch ein jeglicher unter euch, der nicht absagt allem, was er hat, kann nicht mein Jünger sein« (Lukas 14,33). Es ist leicht für einen westlichen Menschen unserer Zeit, diese Worte zu überspringen oder sie bis zur Unkenntlichkeit zu vergeistigen. Aber Franziskus ging es darum, daß der Mensch sich darauf zu besinnen lernt, daß alles Irdische geliehen ist und zurückgegeben werden muß. Er muß deshalb üben, zu verzichten, zu entsagen. Die Kirchengeschichte ist voller Beispiele des Fastens und Entsagens.

Zuweilen wurde dies grotesk übertrieben. Menschen haben auf Schlaf, Freundschaft, Essen oder Licht verzichtet; sie haben sich mit den frömmsten Absichten kasteit. Die Schriften der Wüstenväter und das aus manchen Heiligenbiographien hervorgehende Interesse an makabren Sinnesverleug-

nungen zeugen davon, wie Menschen sich über menschliche
Bedürfnisse hinwegzusetzen versucht haben, um Vollendung
zu beweisen. Nicht wenige haben in der Einsamkeit der Wü-
stengrotten ihre inneren Dämonen kennengelernt.

Solche Extremformen schließen nicht aus, daß der christliche Glaube unter anderem von der Besinnung darauf handelt, daß dieses Leben nicht das einzige ist. Am ewigen Leben hat der Christ bereits seinen Anteil, sagt Franz, es
verbirgt sich unter dem Alltäglichen, aber einmal wird es
vollbracht sein. Gerade die *Einsicht des Provisorischen* ist
gleichzeitig die Quelle der Lebensfreude. Das Leben, das
dem Menschen zur Verwaltung angeboten wird, muß mit
Respekt angenommen werden, wie ein Geschenk. Ein Kind
hüpft in der Sonne herum und sorgt sich nicht, daß der
Sommer bald vorbei ist. Die Lebensfreude verschwindet, sobald der Mensch sie festhält. Ein gutes Glas Wein in der Gesellschaft von engen Freunden, ein Vogel, der in der Nacht
singt, Herumtoben mit Kindern oder Enkeln auf dem Kü-
chenfußboden. So etwas kommt zu einem wie ein Geschenk
– aber alles muß zurückgelassen werden.

Je krampfhafter der Mensch am Leben festhält, desto
mehr verliert er die Fähigkeit, es zu genießen. Je mehr er die
Flüchtigkeit des Lebens einsieht, desto mehr Freude kann er
erfahren. Darum muß er sich ab und zu darin üben, auf das
zu verzichten, was ihm frei zur Verfügung steht. Indem er
sich hin und wieder versagt, was er normalerweise genießt,
kann er Selbstbeherrschung lernen, die Freuden des War-
tens, die Notwendigkeit der Vorbereitung.

Franziskus' Begriff von der Selbstverleugnung ist weit
entfernt von der Selbstbespiegelung der narzißtischen Kultur
und den ständigen Versuchen, alle seine Bedürfnisse gleichzeitig zu befriedigen. Das Einüben von Fasten und Verzicht
hingegen wird dem Menschen zu einer viel tieferen Zuver-

sicht und einer aufrichtigeren Selbstverwirklichung verhelfen.

Entsagung ist nicht vergleichbar damit, daß man eine Leiter hinaufklettert, um Gottes Güte zu erlangen. Dadurch, daß der Mensch sich in Selbstbeherrschung übt, ist Gott ihm weder näher noch ferner. Es ist eher ein Training darin, seine spontanen Impulse zu zügeln, eine Übung darin, sein Fahrzeug selbst zu steuern und sich nicht einfach hierhin und dorthin mitreißen zu lassen. Es gibt also eine *innere Zone der Freiheit,* die zu erweitern man lernen kann. Der Mensch muß lernen, im Umgang mit sich selbst und der äußeren Welt frei zu sein, damit er nicht andauernd für seine *Begierden* lebt. Dinge, Menschen, Ideen müssen um ihrer selbst willen existieren und nicht nur als Spiegelbilder der eigenen Bedürfnisse des Menschen. Die innere Integrität hat mit dem wenig populären Wort *Selbstbeherrschung* zu tun.

Zur franziskanischen Armut gehört eine ruhige und kontinuierliche Bestandsaufnahme der Dinge, die man für seine Arbeit und seine Selbsterhaltung als notwendig erachtet, so daß der Mensch mit der Zeit all das ausschließen kann, was nicht wesentlich ist, sondern ihn behindert. Bücher, Möbel, Papiere, Kleidung, Dinge können durch ihre bloße Gegenwart zu bleischweren Gewichten werden. Deshalb würde Franziskus vielleicht sagen, daß Freude durch Reinigen, Wegwerfen und Priorisieren kommt. Nackt kommen wir auf die Welt, nackt werden wir sie wieder verlassen.

Der Anreiz der Stille

Ich erzähle meinem neuen Franziskanerfreund vom schwedischen Schuster Hjalmar Ekström. Er sprach davon, daß der Mensch in seinem Innern ein Licht anzünden soll. Er soll die Stille vor dem Angesicht Gottes suchen, sowohl im äußeren als auch im inneren Sinne, so daß er gleichsam in dieser Stille badet, bis sie ihn durchdringt wie Luft seinen Körper. Hält er sich auf diese Weise bei Gott auf, dann stellt sich eine bestimmte Atmosphäre ein, auch wenn er unter Menschen ist. Er wandert sozusagen durch einen inneren Tempel. Er kann also in die innere Kammer hineingezogen werden. Läßt er das zu, kommt er zuerst zu der Stille, die der Eingang zum Himmlischen ist, und wenn er durch diesen Eingang gezogen wird, nähert er sich einer anderen Ruhe.

Je mehr er sich in der Einsamkeit aufhält, desto mehr spürt er von seiner inneren Kammer. Er merkt, daß Gottes Anziehungskraft unwiderstehlich ist. So kann er mitten in aller äußerlichen Beschäftigung gesammelt sein, hineingezogen in Gott.

Die Stille in der Hand des Herrn ist das Einfachste von allem und trotzdem das Schwerste für den Menschen. Es gibt drei Stufen in der Stille, behauptete Ekström. Die *erste* Stufe ist, »still zu werden von allem Äußeren, von der Welt um einen herum, davon auszuruhen«. Die *zweite* Stufe ist, »still zu werden von dem Inneren, von allem Begehren, auch von dem Begehren, in die Stille und in das Himmlische zu gelangen«. Die *dritte* Stufe ist,

> *still, sanft, weich der Anziehung zu folgen, die von dem Himmlischen ausgeht, sich hineinsaugen zu lassen, aufgesaugt zu werden von der vollkommenen Sabbatruhe ... Diese Sabbatruhe ist die Quelle des Lebens im Himmlischen. Wenn man vertraut geworden ist mit dieser Stille, folgt sie einem auch hinaus in die Welt und ist um einen herum, wo man geht und wo man steht und was man auch tut und sagt.*[17]

Der Mensch, der ein reiches Leben hat und immer wieder in seine innere Einsamkeit zurückkehrt, hat gleichzeitig das Bedürfnis nach der Gemeinschaft mit anderen Menschen. Er kann ein Gesellschaftsmensch sein, fröhlich und nach außen gewandt. Aber die Gemeinschaft ist gepaart mit einer starken Integrität. Das Geheimnis, das er in sich trägt – und über das er ungern öffentlich spricht –, bewirkt eine Anziehungskraft auf andere. Geheiligte Menschen haben deshalb immer andere fasziniert. Aber ihre Anziehungskraft kommt nicht daher, daß sie über Gott reden, sondern daß die anderen, die ihnen begegnen, spüren, daß diese Menschen sich oft in der Nähe des Heiligen aufhalten. Weder buckeln sie vor der Obrigkeit, noch verachten sie andere. Der geheiligte Mensch befindet sich immer auf derselben Höhe wie die, mit denen er spricht.

Der Bruder nickt zustimmend. Später am Abend schließt sich uns eine Gruppe Jugendlicher an. Die italienische Nacht, erfüllt von dem Zirpen der Grillen, wird kühler. Es wird ein langer Abend, und die Gassen hallen wider von unserem Gelächter. Es ist beileibe nicht so, daß Mönche keinen Humor hätten oder ständig in Tiefsinn verstrickt wären! Sinnliche Freude und große Ausgelassenheit sind gepaart mit größter Ernsthaftigkeit.

So sind wir also wieder zurück, denke ich, beim Hauptthema dieses Buches: der Lebensfreude und dem tiefen Ernst. Natürlich sind Muße und Lebensgenuß etwas Feines, sagen mir meine Begleiter, ganz zu schweigen von deinen Sofas, Cafés und der stillen Lektüre. Gleichzeitig fragen sie sich, was das alles gegen den Überdruß hülfe, wenn es die Liebe nicht gäbe – die Liebe, die man unverdient von Gott empfängt und ohne Berechnung erwidern soll.

Die Dornen der Rose

Gegen Ende meines Aufenthalts in Assisi denke ich: Ich halte es nicht mehr aus! Es ist mir alles zuviel, zu viele Mönche, zu intensive Gebete, zu viele Jesusbilder aus Plastik, zu viele Aschenbecher mit Heiligen drauf, zuviel Kitsch, zu viele Kniefälle! Es ist, als ob der eigentliche Franziskus verschwindet hinter all dieser servilen Bewunderung, den Ansichtskarten, dem Tingeltangel und all diesen Rosenkränzen.

An den Abenden ist die Stadt andächtig still. Nachts hört man das Klappern von Schuhen und die Räder der Karren. Der Müll des Tages wird abgeholt. Diese ganze ehrfürchtige Frömmigkeit steht mir am Ende bis zum Hals. Ich vermisse den Puls der Großstadt, die Lichter, den Lärm.

Doch bevor ich abreise, denke ich darüber nach, wie kompliziert Franziskus das Bild der Langsamkeit gemacht hat. Das ganze schöne Gerede von der Kultur der Muße, den Cafés, von Bildung und Lebensgenuß prallt sozusagen an ihm ab. Aber auch die Ausführungen über die innere Unruhe und die Nacktheit der existentiellen Fragen wirken in Franziskus' Nähe irgendwie schülerhaft, ja sogar egoistisch.

Er blickt uns von all diesen kitschigen Bildern herab direkt an und sagt: »Und ihr? Tut ihr etwas? Seht ihr die Armen in eurer Umgebung, oder hätschelt ihr nur eure existentielle Sorge, streichelt eure Archetypen, lest Proust und hört Bach? Sicher, Ästhetik ist gut, aber wo ist euer ethisches Engagement, eure politische Verantwortung, eure Liebe zur gebrechlichen Kirche und zu Christus?«

Die Frage der Langsamkeit ist plötzlich weit weg von meditativen Techniken oder dem Lob des Müßiggangs. Die franziskanische Ruhe ist offenbar eine Konsequenz des einfachen Lebensstils – jenseits des Interesses für Gucci oder die neuesten Finessen des Internets. Sie gründet sich auf eine innere Freude. Man ahnt eine Stabilität bei den Leuten, die nicht nur über die innere Reise reden, sondern sich tatsächlich entschieden haben und sich auf einen Punkt der Schlichtheit und der Liebe zubewegen.

Assisi in allen Ehren – trotz der Häuser in warmem Rotbraun, trotz der Blumenpracht, den zwitschernden Vögeln und dem pittoresken Ambiente ist Franziskus seltsam weit weg von den hübschen Piazzas. Die schönen Kirchenräume, der Blumenduft und die Musik aus den Straßencafés verbergen ihn. Gleichzeitig ist seine Stimme vernehmbar. Sie ist nicht nur angenehm. Sie stört das Bild. Er stellt in Frage, daß Langsamkeit auf ästhetischen Genuß oder müßige Entspanntheit reduziert wird. Er spricht von Hingabe und Ruhe bei Ihm, der groß und barmherzig ist. Zugleich fragt er sich, ob die Liebe nicht langsam erkaltet: Er spricht von Christus und der Wichtigkeit, sich selbst um der anderen willen zu vergessen – nicht von den Freuden der Muße. Als Nebeneffekt stellt sich das Glück ein.

Lange sitze ich in der unteren Kirche an seinem Grab, bevor ich hinaus in die Sonne gehe. Es ist früh am Morgen. Als ich die Serpentinenstraße hinab Richtung Norden fahre, erinnere ich mich an zwei Bilder von Giotto in der oberen Kirche; das eine, auf dem Franziskus den Vögeln predigt, und ein anderes, auf dem er nackt dasteht, nachdem er um Christi willen allem entsagt hat. Ich habe sie noch genau vor Augen. Und wieder: *Lebensgenuß* und der *tiefe Ernst*. Die Mangelwaren unserer Zeit.

Die Vespa schnurrt auf schmalen Straßen Richtung Nordwesten. Ich fahre an Perugia vorbei und weiter auf der wunderschönen Strecke zwischen den Städten Tavernelle und Città della Pieve, und irgendwann am Vormittag erreiche ich das winzige Städtchen Panicale. Es liegt oben auf einem Hügelkamm. Vom Marktplatz, wo man einen Espresso trinken kann, hat man einen herrlichen Ausblick über den Lago Trasimeno. Ich fahre weiter, entscheide mich aber, einen Bogen um Florenz zu machen – wo übrigens Dostojewski seinen Roman *Der Idiot* geschrieben hat –, und setze meine Fahrt auf der malerischen Straße 65 direkt bis nach Bologna fort. Es ist spät am Abend, als ich dort ankomme.

Auf dem Platz vor der Kathedrale sitzen gutaussehende Menschen und trinken Campari, Wein oder Bier. Nachdem ich meinen Laptop aufgeklappt habe, sehe ich, daß die Studenten mir gegenüber ihren Lesestoff auf den Tisch gepackt haben, Freud und Lacan, Bourdieu und Bauman. Aber aus ihren Gesprächen höre ich heraus, daß es um Umberto Eco geht, der ein Sohn dieser Stadt ist. Die Studenten diskutieren über seine Semiotik, die Lehre von den Zeichen.

Der Mond geht auf über einem frühlingshaften Italien. Und ich denke, daß man die Begegnung mit Franziskus als ein rauhes, aber belebendes semiotisches Spiel ansehen kann. Er hat keine dicken Bücher geschrieben. Er hat keine tiefsinnigen Theorien über den Tod oder Gott hinterlassen oder sich den Roman *Der Name der Rose* mit seinen Irrgärten ausgedacht. Aber sein Lebensschicksal ist selbst ein Zeichen. Es hinterläßt einen Dorn im egozentrierten Weltbild des wohlgenährten Nordeuropäers.

Woher kommt der Dorn? Ich denke an den Rosengarten an der Kirche auf der Ebene unterhalb von Assisi, *Capelle delle rose*. Der Rosenduft war betäubend. Gerade diese Rosen, die nach Franziskus benannt sind, haben keine Dornen, steht in den Büchern. Kann das wirklich stimmen? fragte ich mich und sah sie mir genauer an. Es stimmte. An den Stielen war nichts, was stechen oder verletzen könnte: Die Liebe hat keine Dornen.

Vielleicht gibt es einen inneren Widerstand: Der Mensch will sich nicht befassen mit der selbstlosen und absoluten

Güte, einer Liebe, die nicht urteilt. Er kann ganz einfach nicht glauben, daß die geistige Freude ohne Gegenleistung sein soll, daß der Kernpunkt des christlichen Glaubens das sein soll, was die Theologie Gnade nennt, lateinisch *gratia* oder in unserer Sprache *gratis*. Franziskus hatte die große Freude empfangen. Dadurch, daß er selbst empfing, konnte er geben. Ist dies das Geheimnis der dornenlosen Rose?

Aber die Rose gibt es nicht nur in einem Garten oder in Ecos Roman. Die Rose ist auch ein Symbol für Verschwiegenheit und das vertrauliche Gespräch. Papst Hadrian IV. (gestorben 1159) hatte Anweisung gegeben, sie in die Beichtstühle zu schnitzen, als eine Erinnerung an die Schweigepflicht. Alle Schuld kann in das Meer der göttlichen Vergebung geworfen werden, alle Sorge hat ihren Hafen. Einst werden alle Tränen getrocknet werden. Wahrscheinlich hat Franziskus seinen »Sonnengesang« aus diesem Grund gesungen. Vielleicht erhebt er deshalb seine Hände und betet:

O alto e glorioso Dio	*Höchster, glorreicher Gott,*
illumina le tenebre	*erleuchte die Finsternis*
del cuore mio.	*meines Herzens*
Dammi una fede retta,	*und schenke mir rechten Glauben,*
speranza certa,	*gefestigte Hoffnung,*
carità perfetta,	*vollendete Liebe*
umiltà profonda.	*und tiefgründige Demut.*
Dammi, Signore,	*Gib mir, Herr,*
senno e discernimento	*das Empfinden und Erkennen,*
per compiere la tua vera	*damit ich Deinen heiligen*
e santa volontà	*und wahrhaftigen Auftrag erfülle.*
Amen.	*Amen.*

Keine Ratespiele

Ein Nachwort

In der beginnenden Dämmerung sehe ich hinüber zum östlichen Ufer des Gardasees. Es sind ungefähr zwanzig Kilometer bis dort. Der Strom der Autos von und nach Nordeuropa zieht sich wie ein Lichtband dahin. Sogar hier kann man die Scheinwerfer der Autos ahnen. Fernlastzüge, Campingbusse, Familienautos mit verschwitzten, müden Kindern auf der engen Rückbank, alle sind unterwegs in den sonnigen Süden. Langsam klettern die Lichtpunkte die massigen Berghänge auf der anderen Seite hinauf. Sie spiegeln sich im Wasser. Aber im Stadtkern hier auf der westlichen Seite herrscht Ruhe; dies ist ein Platz, den die Touristen übersehen haben. Der Text auf meinem Bildschirm tritt immer deutlicher hervor.

Der Himmel wird dunkel. Ein Paar geht hinter meiner Parkbank vorbei. Die füllige ältere Dame atmet schwer. Sie wird von ihrem Sohn gestützt. Er begleitet sie hinunter an den schwarzen See. Dort setzt sie sich hin und schaut über die Wasseroberfläche, auf der die Schiffe hin und her eilen. Siebenjährige Knaben – ausstaffiert wie kleine Herren – gehen an diesem Sonntagabend in geschneiderten Anzügen spazieren. Die Mädchen sehen aus wie Puppen aus den Schaufenstern eines Spielzeuggeschäfts. Keine Jeans, kein T-Shirt. Blanke braune Schuhe und schneeweiße Hemden. Ältere Herren untergehakt von ihren halbwüchsigen Söhnen. Kinder, die einander an den Händen halten.

Es liegt eine Stimmung ruhigen Bummelns über den Abenden in den Mittelmeerländern. Die Stille ist auffallend. Aber »Flanieren« wäre kaum das richtige Wort – es klingt allzu mondän oder intellektuell. Man schlendert eher, sich leise miteinander unterhaltend. Hier gibt es keine organisierte Aktivität, keine Veranstaltungen und keine Ratespiele. Langsam spaziert man am Ufer entlang.

Dieses Buch hat zwei Seiten derselben Medaille angesprochen: den Lebensgenuß und den tiefen Ernst, die größten Mangelwaren der Gegenwart. Beides erfordert ein Innehalten, ein Abbremsen. Ein paar Tage am Gardasee – nur gut hundert Kilometer nördlich von Bologna – gaben mir eine durchgängigere Ruhe. Hier habe ich meine verschiedenen Aufzeichnungen durchgesehen und diese Sammlung von Reflexionen zusammengestellt. Besonders bedanken möchte ich mich bei meiner Lektorin für ihren zurückhaltenden, aber bestimmten Rat und ihre wertvolle Hilfe.

Nun läuten die Kirchenglocken. Ich erhebe mich und gehe hinein in das Dunkel der Basilika.

Salò, Mai 2001   *Owe Wikström*

Anmerkungen

Einleitung

1 Hylinger, Claes: *Det hemliga sällskapet.* Bonniers, Stockholm 1986 (übers. Dagmar Lendt).

2 Tranströmer, Tomas: »Romanische Bögen«, in: *Sämtliche Gedichte.* Übers. Hanns Grössel. Hanser, München 1997.

Teil 1 Die Langsamkeit

1 vgl. Zeitschrift *00-tal,* Nr. 4/2000

2 Featherstone, Mike: *Undoing Culture. Globalization, Postmodernism and Identity.* Sage Publications, London 1995.

3 Featherstone, Mike: *Consumer Culture and Postmodernism.* Sage Publications, London 1991.

4 Klein, Naomi: *No logo.* Flamingo, London 2000.

5 Daun, Åke: *Svensk mentalitet.* Rabén & Sjögren, Stockholm 1989.

6 Tunström, Göran: *Solveigs Vermächtnis.* Hoffmann & Campe, Hamburg 1989.

7 Gergen, Kenneth: *The Saturated Self. Dilemmas of Identity in Contemporary Life.* Basic Books, New York 1991.

8 Ritzer, George: *The McDonaldization of Society. An investigation into the changing character of contemporary social life.* Pine Forge Press, Selly Oaks 1996.

9 Putnam, Robert: *Bowling alone.* Simon & Schuster, New York 2000.

10 Berman, Marshall: *Allt som är fast förflyktigas. Modernism och modernitet.* Arkiv, Lund 1995.

11 Featherstone, *Consumer Culture and Postmodernism.*

12 Skårderud, Finn: *Oro – en resa i det moderna självet.* Natur och Kultur, Stockholm 2000.

13 Hylinger, *Det hemliga sällskapet* (übers. Dagmar Lendt).

14 Hylinger, Claes: *Den stora sammankomsten.* Bonniers, Stockholm 1990 (übers. Dagmar Lendt).

15 vgl. Berg Eriksen, Trond: *Augustin. Det Urolige Hjerte.* Universitetsforlaget, Oslo 2000.

16 Lindgren, Torgny: *Hummelhonig.* Übers. Verena Reichel. Hanser, München 1997.

17 in Tunström, Göran: *Under tiden.* Albert Bonniers, Stockholm 1993 (übers. Dagmar Lendt).

18 Steinbeck, John: *Wonniger Donnerstag.* Diana, Zürich 1963.

19 Uddenberg, Nils, in: *00-tal,* Nr. 4/2000

20 Stevenson, Robert Louis: *Virginibus Puerisque.* Heinemann, London 1925.

21 Jung, C.G., in Tudor-Sandahl, Patricia: *Den tredje åldern.* Wahlström & Widstrand, Stockholm 1999 (übers. Dagmar Lendt).

22 Lin Yutang: *Die Weisheit des lächelnden Lebens.* DVA, Stuttgart 1937.

23 Montaigne, Michel de: *Die Essais.* Ausgewählt, übertragen und eingeleitet von Arthur Franz. Reclam, Stuttgart 1969; Montaigne, Michel de: *Essais.* Hrsg. Hans Magnus Enzensberger. Erste moderne Gesamtübersetzung von Hans Stilett. Eichborn, Frankfurt 1998.

24 ebd.

25 Bollas, Christopher: »Normotic illness.« *The Facilitating Environment: Clinical Applications of Winnicott's Theory.* 317–344. Red.: Fromm, M. Gerard & Bruce L. Smith. International UP, Madison 1989.

26 Liljas, Maria: *Riten som existentiellt livsrum.* Föredrag vid religionspsykologisk dag. Religionsbeteendevetenskaplig avdelning, Teologiska institutionen, Uppsala universitet 2001.

27 Andhé, Stefan: *I Resten av världen.* Verbum, Stockholm 1993 (übers. Dagmar Lendt).

28 Said, Edward: *De intellektuellas ansvar.* Bonnier Alba, Stockholm 1994.

29 Cullberg, Johan: *Psykoser. Biologiska och humanistiska perspek-tiv.* Natur och Kultur, Stockholm 2000 (übers. Dagmar Lendt).

30 in: Benktson, Benkt-Erik: *Gränssituationer. Frågor om livets mening i existensfilosofisk mening.* Liber, Lund 1976 (übers. Dagmar Lendt).

31 Cullberg, *Psykoser.*

32 Nesser, Håkan: *Flugan och evigheten.* Bonniers, Stockholm 1999 (übers. Dagmar Lendt).

33 Powys, John Cowper: *Kultur als Lebenskunst.* Übers. Susan Nurmi-Schomers und Christian Schomers. Junius, Hamburg 1989.

34 Hedenius, Ingmar: *Tröstens villkor.* Bonniers, Stockholm 1959 (übers. Dagmar Lendt).

35 ebd.

36 Montaigne, *Essais,* Buch 3.

37 Smith, Murray: *Engaging Characters: Fiction, Emotion and the Cinema.* Clarendon Press, Oxford 1995.

38 Enckell, Mikael: *Till saknadens lov.* Söderström, Helsingfors 1988 (übers. Dagmar Lendt).

39 ebd.

40 Powys, *Kultur als Lebenskunst.*

41 ebd.

42 Lindgren, *Hummelhonig.*

43 Steinbeck, *Wonniger Donnerstag.*

44 in Piltz, Anders: *Die gelehrte Welt des Mittelalters.* Böhlau, Köln, Wien 1982.

Teil 2 Innere und äußere Reisen

1 Tranströmer, Tomas: »Schwarze Ansichtskarten«, in: *Sämtliche Gedichte.*

2 Pascal, Blaise: *Gedanken.* Reclam, Ditzingen 1997.

3 Berger, Peter: *A far Glory. The Quest for Faith in an Age of Cre-dulity.* Free Press, New York 1992.

4 Dostojewski, Fjodor: *Gesammelte Briefe 1833–1881.* Hrsg. Frie-drich Hitzer. Piper, München 1986.

5 ebd.

6 Dostojewski, Fjodor: *Die Brüder Karamasow.* Übers. Karl Nötzel. Insel, Frankfurt 1986.

7 Dostojewski, Fjodor: *Aufzeichnungen aus dem Kellerloch.* Übers. Swetlana Geier. Reclam, Stuttgart 1984.

8 Dostojewski, *Die Brüder Karamasow.*

9 Lossky, Vladimir: *Östkyrkans mystiska teologi.* Artos, Skellefteå 1997.

10 Tranströmer, Tomas: »Lamento«, in: *Sämtliche Gedichte.*

11 Ekelöf, Gunnar: *Skärvor av en diktsamling 1927–28.*

12 Tunström, *Solveigs Vermächtnis.*

13 Thomas, Ronald Stuart: *Collected Poems.* Dent, London 1993 (übers. Dagmar Lendt).

14 Tranströmer, Tomas: »Haikus«, in: *Sämtliche Gedichte.*

15 »Sommarpsalm«, Psalm 201 (übers. Dagmar Lendt).

16 ebd.

17 Ekström, Hjalmar: *Den fördolda verkstaden.* Artos, Skellefteå 1988 (übers. Dagmar Lendt).

Literaturverzeichnis

Andhé, Stefan: *I Resten av världen*. Verbum, Stockholm 1993.

Bauman, Zygmunt: *Döden och ododligheten i det moderna samhället*. Daidalos, Göteborg 1994.

Benktson, Benkt-Erik: *Gränssituationer. Frågor om livets mening i existensfilosofisk mening*. Liber, Lund 1976.

Berg Eriksen, Trond: *Augustin. Det Urolige Hjerte*. Universitetsforlaget, Oslo 2000.

Berger, Peter: *A far Glory. The Quest for Faith in an Age of Credulity*. Free Press, New York 1992.

Berman, Marshall: *Allt som är fast förflyktigas. Modernism och modernitet*. Arkiv, Lund 1995.

Bollas, Christopher: »Normotic illness.« *The Facilitating Environment: Clinical Applications of Winnicott's Theory*. 317–344. Red.: Fromm, M. Gerard & Bruce L. Smith. International UP, Madison 1989.

Cullberg, Johan: *Psykoser. Biologiska och humanistiska perspektiv*. Natur och Kultur, Stockholm 2000.

Daun, Åke: *Svensk mentalitet*. Rabén & Sjögren, Stockholm 1989.

Dostojewski, Fjodor: *Aufzeichnungen aus dem Kellerloch*. Übers. Swetlana Geier. Reclam, Stuttgart 1984.

Dostojewski, Fjodor: *Die Brüder Karamasow*. Übers. Karl Nötzel. Insel, Frankfurt 1986.

Dostojewski, Fjodor: *Gesammelte Briefe 1833–1881*. Hrsg. Friedrich Hitzer. Piper, München 1986.

Ekelöf, Gunnar: *Skärvor av en diktsamling 1927–28*.

Ekström, Hjalmar: *Den fördolda verkstaden*. Artos, Skellefteå 1988.

Enckell, Mikael: *Till saknadens lov*. Söderström, Helsingfors 1988.

Featherstone, Mike: *Consumer Culture and Postmodernism*. Sage Publications, London 1991.

Featherstone, Mike: *Undoing Culture. Globalization, Postmodernism and Identity.* Sage Publications, London 1995.

Gergen, Kenneth: *The Saturated Self. Dilemmas of Identity in Contemporary Life.* Basic Books, New York 1991.

Hagerfors, Lennart: *Livet är det som pågår medan vi sysslar med annat.* Norstedts, Stockholm 1991.

Hammarskjöld, Dag: *Zeichen am Weg.* Übertragen und eingeleitet von Anton Graf Knyphausen. Droemer Knaur, München 1966.

Hedenius, Ingmar: *Tröstens villkor.* Bonniers, Stockholm 1959.

Hylinger, Claes: *Det hemliga sällskapet.* Bonniers, Stockholm 1986.

Hylinger, Claes: *Den stora sammankomsten.* Bonniers, Stockholm 1990.

Jung, C.G., in Tudor-Sandahl, Patricia: *Den tredje åldern.* Wahlström & Widstrand, Stockholm 1999.

Klein, Naomi: *No logo.* Flamingo, London 2000.

Liljas, Maria: *Riten som existentiellt livsrum.* Föredrag vid religionspsykologisk dag. Religionsbeteendevetenskaplig avdelning, Teologiska institutionen, Uppsala universitet 2001.

Lin Yutang: *Die Weisheit des lächelnden Lebens.* DVA, Stuttgart 1937.

Lindgren, Torgny: *Hummelhonig.* Übers. Verena Reichel. Hanser, München 1997.

Lossky, Vladimir: *Östkyrkans mystiska teologi.* Artos, Skellefteå 1997.

Montaigne, Michel de: *Die Essais.* Ausgewählt, übertragen und eingeleitet von Arthur Franz. Reclam, Stuttgart 1969.

Montaigne, Michel de: *Essais.* Hrsg. Hans Magnus Enzensberger. Erste moderne Gesamtübersetzung von Hans Stilett. Eichborn, Frankfurt 1998.

Nesser, Håkan: *Flugan och evigheten.* Bonniers, Stockholm 1999.

Pascal, Blaise: *Gedanken. Über die Religion und einige andere Themen.* Hrsg. Jean-Robert Armogathe. Reclam, Ditzingen 1997.

Piltz, Anders: *Die gelehrte Welt des Mittelalters.* Böhlau, Köln, Wien 1982.

Powys, John Cowper: *Kultur als Lebenskunst.* Übers. Susan Nurmi-Schomers und Christian Schomers. Junius, Hamburg 1989.

Putnam, Robert: *Bowling alone.* Simon & Schuster, New York 2000.

Ritzer, George: *The McDonaldization of Society. An investigation into the changing character of contemporary social life.* Pine Forge Press, Selly Oaks 1996.

Said, Edward: *De intellektuellas ansvar.* Bonnier Alba, Stockholm 1994.

Seneca: »De brevitate vitae«, in: *Die kleinen Dialoge,* 2 Bde. Hrsg. Gerhard Fink. Artemis & Winkler, München 1992.

Skårderud, Finn: *Oro – en resa i det moderna självet.* Natur och Kultur, Stockholm 2000.

Smith, Murray: *Engaging Characters: Fiction, Emotion and the Cinema.* Clarendon Press, Oxford 1995.

Steinbeck, John: *Wonniger Donnerstag.* Diana, Zürich 1963.

Stevenson, Robert Louis: *Virginibus Puerisque.* Heinemann, London 1925.

Thomas, Ronald Stuart: *Collected Poems 1945–1990.* Dent, London 1993.

Tranströmer, Tomas: *Sämtliche Gedichte.* Übers. Hanns Grössel. Hanser, München 1997.

Tunström, Göran: *Solveigs Vermächtnis.* Hoffmann & Campe, Hamburg 1989.

Tunström, Göran: *Under tiden.* Albert Bonniers, Stockholm 1993.

Wikström, Owe: *Toccata. J. S. Bachs andliga universum: iakttagelser och betraktelser.* Norma, Skellefå 2000.

00-tal, Nr. 4/2000